2018 年度安徽省高校优秀拔尖人才培育资助项目中高校优秀青年人才支持计划项目（重点项目）"经济新常态下创新驱动、产业结构优化升级与区域经济发展研究——以安徽省为例"（项目编号：gxyqZD2018076）和黄山学院 2017 年度徽州文化类课题（项目编号：2017xhwh014）资助出版。

经济新常态下创新驱动、产业结构优化升级与区域经济发展研究

——以安徽省为例

方 亮 著

辽宁大学出版社
Liaoning University Press

图书在版编目（CIP）数据

经济新常态下创新驱动、产业结构优化升级与区域经济发展研究：以安徽省为例 / 方亮著. —沈阳：辽宁大学出版社，2019.12

ISBN 978-7-5610-9883-7

Ⅰ.①经… Ⅱ.①方… Ⅲ.①技术革新－关系－区域经济发展－研究－安徽②区域产业结构－产业结构优化－关系－区域经济发展－研究－安徽 Ⅳ.①F127.54

中国版本图书馆CIP数据核字（2019）第296274号

经济新常态下创新驱动、产业结构优化升级与区域经济发展研究：以安徽省为例

JINGJI XINCHANGTAI XIA CHUANGXIN QUDONG、CHANYE JIEGOU YOUHUA SHENGJI YU QUYU JINGJI FAZHAN YANJIU: YI ANHUISHENG WEILI

出 版 者：辽宁大学出版社有限责任公司

（地址：沈阳市皇姑区崇山中路66号 邮政编码：110036）

印 刷 者：沈阳文彩印务有限公司

发 行 者：辽宁大学出版社有限责任公司

幅面尺寸：170mm×240mm

印 张：10.75

字 数：202千字

出版时间：2019年12月第1版

印刷时间：2020年3月第1次印刷

责任编辑：王 健

封面设计：孙红涛 韩 实

责任校对：齐 悦

书 号：ISBN 978-7-5610-9883-7

定 价：45.00元

联系电话：024-86864613

邮购热线：024-86830665

网 址：http:// press. lnu. edu. cn

电子邮件：lnupress@ vip.163.com

前　言

习近平总书记在十二届全国人大三次会议上提出"创新是引领发展的第一动力"，李克强总理更是强调"创新是中国经济未来增长的不熄引擎"。中国经济在经历了30多年的高速增长之后进入了"稳定速度、结构优化和创新驱动"的新常态阶段。新常态中"新"就是"有异于旧质"，"常态"就是时常发生的状态。新常态就是不同以往的、相对稳定的状态。这是一种趋势性、不可逆的发展状态，意味着中国经济已进入一个不同于过去30多年高速增长期的新阶段。在中国经济新常态下，经济发展方式的转变已经被迫展开，由告别不顾资源短缺、竭泽而渔、破坏性开采的粗放型发展，忽视环境保护的污染性发展，透支人口红利、社会保障体系建设滞后的透支性发展，正在逐步转向遵循经济规律的科学发展、遵循自然规律的可持续发展、遵循社会规律的包容性发展。发展的主要动力正在逐步转向依靠转型升级、生产率提升和开拓创新。

国家统计局发布新中国成立70周年经济社会发展成就系列报告指出：70年来，在中国共产党的坚强领导下，全国各族人民团结一心、迎难而上、开拓进取、奋力前行，从封闭落后迈向开放进步，从温饱不足迈向全面小康，从积贫积弱迈向繁荣富强，创造了一个又一个人类发展史上的伟大奇迹，中华民族迎来了从站起来、富起来到强起来的伟大飞跃。新中国成立70多年来，我国三次产业发展趋于均衡，经济发展的全面性、协调性和可持续性不断增强，产业结构优化升级不断加快，特别是随着供给侧结构性改革不断深化，去产能深入推进和"僵尸企业"出清，我国市场供需结构更趋协调平衡。钢铁、煤炭、煤电等行业化解过剩产能工作得到积极有序推进。

区域创新成为区域和国家经济发展的原动力，成为地方经济发展的重要带动力量，为地方经济增长和社会进步做出了巨大的贡献。冯之浚（1999）认为在经济全球化的环境下，要在全球化的竞争中占有一席之地，任何一个国家都更加需要注重增强本国的综合实力以求得更大的发展，而提高综合实力的关键在于创新。从社会层面上看，创新是一个国家发展的动力，创新是民族进步的灵魂，是社会发展中推动社会进步和现代化进程的主要力量。21世纪是知识经济的时代，是竞争经济的时代，更是一个创新的时代，新世纪的经济发展和社会进步的快慢取决于创新能力的强弱。从企业层面上看，在经济的全球化背景下，竞争经济和开放经济是企业赖以生存的经济环境，企业的生存之道主要体现在竞争能力上，而企业创新是提高企业生存能力和竞争能力的唯一手段，企业不得不通过完善原来的生产和研发模式、提高产品的生产效率、提升技术水平、增加产品的功能和利益、创造更新的市场价值、完善原有的管理制度和组织形式等方式提升自己的竞争力。

安徽省经济在总量上也取得了显著成绩，但是创新不足、经济产业层次偏低、结构不优等问题是安徽省经济发展的一块"短板"，制约了全省经济的进一步发展。在这个特殊经济形势下，创新驱动成为优化产业结构、破解安徽省当前经济发展深层次问题的必然选择。大力推进创新发展，转变产业发展方式，构建产业新体系，培育一批战略性产业，最终实现以创新驱动推动产业结构转型升级，推动安徽省区域经济健康发展。从理论上看，创新驱动产业结构优化升级以及区域经济发展的研究主要集中在创新理论、产业理论和区域经济理论各个分支的研究上，分析创新驱动对产业结构优化升级的影响已经成为理论突破的重点。以创新驱动为视角的研究很少，对于创新驱动、产业结构优化升级与区域经济发展的影响关系、作用机制以及影响效应的研究更成为"最缺失的一环"，本问题的研究有望进一步充实这一薄弱环节。

目 录

第一章　导　论

第一节　研究背景

改革开放以来，我国经济经过了较长时期的高速增长，投资、贸易、消费、进出口等方面持续增长，经济外向发展特征日益明显，我国经济总量已经跃居世界第二。但是，经济发展中存在着发展速度与发展效益不对等、发展结构的不断优化与不协调性并存、经济增长内生动力缺乏、发展方式粗放特征明显、区域发展不均衡等问题。特别是 2012 年以来，我国 GDP 同比增长跌入 8% 以下，2015 年则跌入 7% 以下，中国经济发展速度持续放缓，人口红利逐步消失，能源与环境对经济发展的制约日渐显现，传统的投资和供给对经济增长的支撑作用越发艰难。并且，2008 年经济危机以后，国际市场环境发生变化，国际贸易规则重新构建，国际市场结构也发生了重大调整，国际市场需求大幅度萎缩。

2014 年，习近平总书记首次在考察河南省时提出了"经济新常态"的概念，认为我国经济发生了一些趋势性的变化，经济发展将由原来的高速增长进入中低速增长，增长模式由粗放型转向集约型。在此背景下，我国提出了"大众创业、万众创新"的发展战略，提出经济发展的动力由原来的投资驱动转变为创新驱动。在党的十九大报告中，习近平总书记再次提出"创新是引领发展的第一动力"……实施创新驱动发展战略，加快建设创新型国家，加强国家创新体系建设，倡导创新文化，提升创新能力……以科技创新引领产品创新、产业创新、商业模式创新等，通过创新驱动增强中国持续发展的动力。

近几年，我国各地政府制定了一系列鼓励创新的政策，积极扶持创新活动，增加创新投入，也取得了丰硕的成果。全国研究与试验发展（R&D）人员全时当量由 2010 年的 255.38 万人年增加到 2017 年的 403.36 万人年，全国 R&D 经费内部支出由 2010 年的 7062.58 亿元增加到 2017 年的 17606.13 亿元，全国 R&D 经费投入强度由 2010 年的 1.71% 增加到 2017 年的 2.13%，2012—2017 年科技进步贡献率达到 57.8%，国家财政科技拨款由 2010 年的 4196.7 亿元增加到 2017 年的 8383.6 亿元，国内专利申请数由 2010 年的 1109428 件增加到 2017 年的 3536333 件，国内专利授权数由 2010 年的 740620 件增加到 2017 年的 1720828 件，国内重大科技成果由 2010 年的 42108 件增加到 2017 年的 59792 件，全国技术市场成交合同数由 2010 年的 229601 项增加到 2017 年的 367586 项，全国技术市场成交合同金额由 2010 年的 39065753 万元增加到 2017 年的 134242244.7 万元，全国生产力促进中心总资产由 2010 年的 157.1 亿元增加到 2017 年的 241.2 亿元。中国创新投入和创新产出在国际上占有重要比重，创新成果对中国经济发展发挥着越来越重要的作用。

安徽省积极推进创新驱动发展战略，2014 年制定了《中共安徽省委安徽省人民政府关于实施创新驱动发展战略进一步加快创新型省份建设的意见》，积极扶持企业创新能力建设，加大创新投入和科技研发投入，扶持科技团队从事研发和创新创业活动，鼓励创新成果商业化，引导创新拉动经济增长，使创新成为驱动地方产业升级和经济发展的重要引擎。

安徽省是我国重要的农业省份，是农产品生产、加工大省。除此之外，安徽省的能源、化工、原材料、机械、电子、汽车、家电等行业在全国占有重要位置。在中国经济进入"新常态"的背景下，传统产业面临压力，市场上对高性能、高技术、绿色化、无污染的产品需求越来越大，安徽省很多产业面临转型升级。经济新常态既是对传统产业的压力，也是产业升级发展的动力，安徽省需要充分利用地方优势和资源，积极推进产业结构的升级与发展，加快向高水平、高技术产业转型，巩固优势产业的地位和基础，把一些有发展潜力的产业做大做强，利用创新驱动实现产业升级和发展，优化产业结构，加快要素优化升级，促进创新要素流动，使创新成为安徽省产业结构优化升级和区域经济发展的重要引擎，实现经济的持续发展。

第二节　研究意义

一、理论意义

首先，该问题的研究是以我国经济新常态为背景探索创新驱动产业结构优化升级以及对区域经济发展的影响关系，是对区域创新系统理论的丰富与发展，并且研究结合了安徽省的具体实际，是对理论与实际相结合的拓展。研究方法中使用了定性与定量相结合的方法，这也有利于弥补传统区域创新问题中定性分析为主、定量缺乏的缺陷。

其次，研究中系统分析了创新如何影响产业结构优化升级的基本理论，还结合市场调查的数据进行实证分析，不仅拓宽了产业结构理论的现有研究，也为产业结构优化升级路径与模式研究提供了理论基础。

最后，从创新驱动和产业结构优化升级角度阐述区域经济发展的问题，这不仅是对产业经济学理论的发展，也是对区域经济发展理论的延伸。无论是创新与区域经济发展还是产业升级与区域经济发展的关系问题都已经成为区域经济问题研究的一大热点，以创新和产业升级为对象的区域经济发展研究有利于进一步拓宽区域经济问题的研究视角。

二、实践意义

首先，从现实社会环境看，科技是推动现代生产力发展的重要因素和重要力量，创新是引领发展的第一动力，实现创新驱动产业结构优化升级与区域经济发展已经成为我国经济发展的首要任务。目前我国正处于经济转型的关键时期，产业的结构和布局的调整、经济发展方式的转变是目前我国经济重要的特征。创新驱动是实现产业结构优化与区域经济发展的重要力量。因此，该问题的研究顺应了产业发展的规律，是对产业发展与区域经济发展的有益探索。

其次，从安徽省产业发展和区域经济发展的实际来看，虽然安徽省各个地区在近几年的产业结构优化和区域经济发展方面取得了显著的成绩，但仍然存在缺陷和不足，特别是安徽省部分地区产业结构与区域经济发展还表现出明显的不协调性。因此，通过对安徽省进行实地调查，开展实证研究，找出安徽省产业结构与区域经济发展等方面的问题，对安徽省产业结构优化与区域经济更好更快发展有着重要的现实意义。

第三节 研究内容与技术路线

一、研究内容

第一章，导论。根据国内外经济环境和市场特征阐述创新驱动、产业结构优化升级与区域经济发展问题的研究背景,从理论和实践两个角度分析问题的研究意义,明确该问题研究的价值和迫切性,确立问题研究的框架和结构,并介绍研究方法。

第二章,文献综述。系统梳理国内外关于创新、产业结构优化和区域经济发展问题的相关研究文献,总结现有文献研究的主要观点、研究结论、研究方法、主要策略等,分析问题研究现状,从中吸取经验,为本项目的理论分析和实证检验做好铺垫。

第三章,创新驱动、产业结构优化升级与区域经济发展影响机理。从理论研究出发,围绕创新驱动与产业结构优化升级之间的关系以及创新驱动、产业结构优化升级与区域经济发展之间的关系进行分析,具体阐明创新驱动、产业结构优化升级与区域经济发展之间的效应形成与作用机制,厘清创新驱动产业结构优化升级和区域经济发展的内在机理,刻画其内在的逻辑关联性和彼此影响与演变的关系,也为后文的实证分析做理论准备。

第四章,研究假设的提出。基于前文的文献研究和机理分析,建立创新驱动与产业升级关系,产业升级与区域经济发展关系,创新驱动、产业结构优化升级与区域经济发展关系的理论假设,以备后文实证分析做进一步的验证。

第五章,度量指标设计与研究模型构建。综合现有文献中对创新、产业结构优化升级和区域经济发展的度量指标,结合本研究的研究对象和具体问题,设计度量指标体系和研究模型,为后文实证分析做准备。

第六章,安徽省创新、产业发展与区域经济发展状况。通过实地调查,搜集安徽省相关指标数据,并对数据进行综合处理与分析,得出安徽省创新、产业发展与区域经济发展的基本现状和问题,概括出安徽省产业结构和区域经济的基本特征与规律。

第七章,安徽省各地区创新效率分析。从静态分析和动态分析两个角度分析安徽省各地区创新效率,从时间维度和空间维度进行对比分析,总结其时间发展变化规律和特征,概括出空间差异。

第八章,安徽省创新、产业结构优化升级与区域经济发展关系实证分析。结合调查数据,利用相关分析、影响效应分析等方法对创新驱动、产业结构优化升级与区域经济发展关系进行实证研究,验证假设关系,得出实证结果。

第九章,安徽省承接"长三角"地区间产业转移模式与路径研究。安徽省区位上与"长三角"无缝对接,在资源禀赋、产业结构等方面与"长三角"经济区具有较强的互补性,使得安徽省成为承接"长三角"产业转移的最佳地区,结合安徽省产业基础和特征,提出安徽省承接"长三角"地区间产业转移模式。

第十章,研究结论与政策建议。基于理论分析和实证结果,总结提炼研究结论,提出政策建议。

二、技术路线

本书主要按照"问题提出—文献研究—机理分析—现状分析—实证分析—对策建议"的思路进行设计。本书的研究框架如图 1.1 所示。

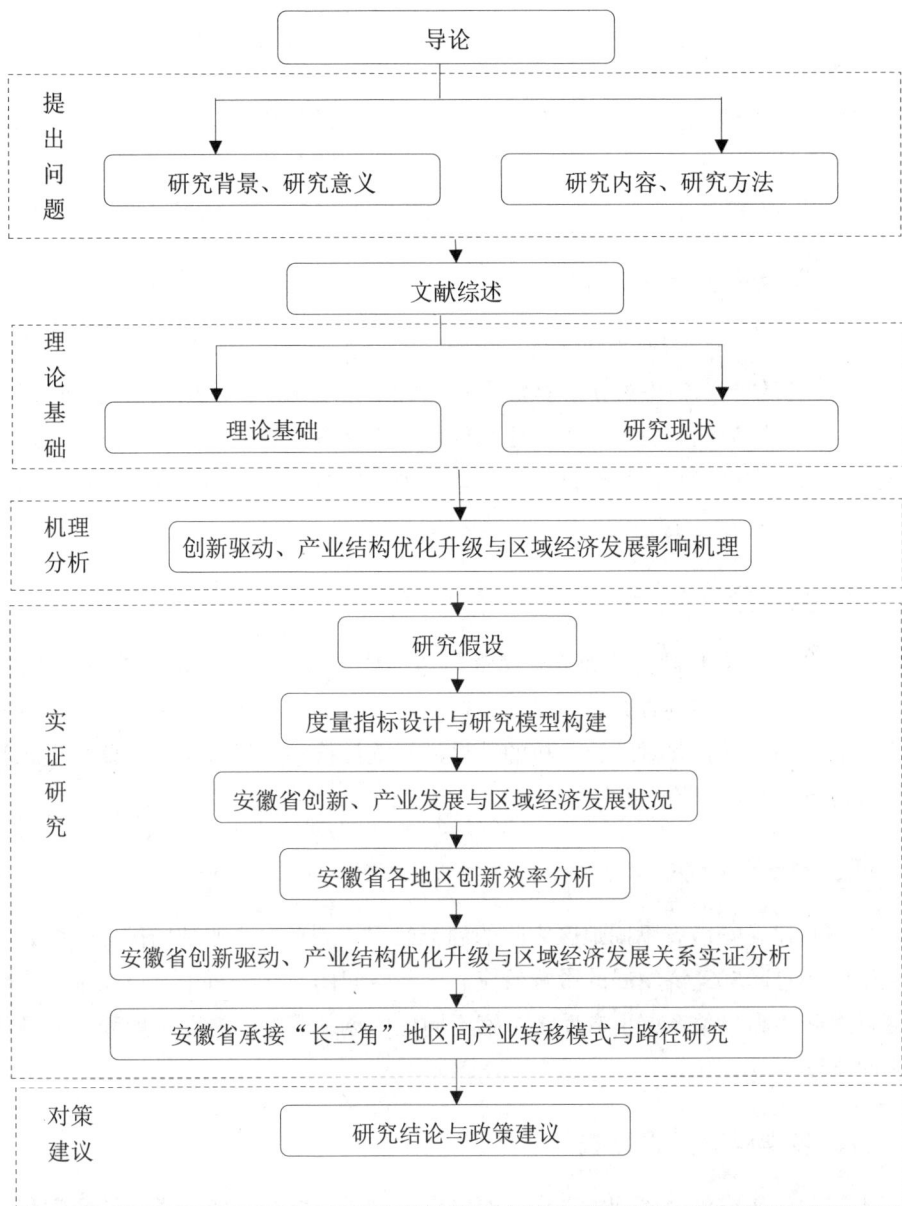

图 1.1　技术路线图

第四节 研究方法

一、文献研究法

根据本书的研究问题系统搜集关于创新、产业结构优化和区域经济发展的相关文献，通过对文献的研读，总结该问题的研究现状和趋势，找出研究中的薄弱环节和缺陷，借鉴其中好的研究方法，为本书的研究奠定理论基础。

二、规范分析法

对于创新驱动、产业结构优化升级和区域经济发展影响机理问题的研究进行规范分析，从创新、产业经济和区域发展的理论角度出发，阐明其中的作用机理与影响机制，认为创新驱动对于产业结构优化升级有积极的作用，并进一步通过产业结构优化升级影响区域经济发展，这其中存在直接效应和间接效应的共同作用，也为下一步的实证分析提供了理论支持。

三、实证分析法

在规范分析的基础上，建立变量度量指标体系和变量之间的影响关系假设，结合统计计量模型和调查数据，实证分析创新、产业结构优化升级和区域经济发展之间的影响关系，并对统计分析的结果进行统计检验，以进一步验证变量之间的影响效应，提高问题分析的解释力度。

四、对比分析法

本书对比了安徽省不同地区之间的创新效率、创新对产业结构优化升级的影响程度以及对区域经济发展的影响效应，这种空间的对比分析不仅可以进一步确定变量之间的影响关系，也有助于考察不同地区创新管理、产业发展和区域经济的空间差异。

五、多学科交叉研究法

本问题的研究涉及管理学、产业经济学、区域经济学、统计学、社会学和计量经济学等多个学科的交叉分析。综合运用多个学科理论和研究方法，有助于进一步明确变量之间的影响关系和作用机理，保证研究的系统完整性和方法科学性。

第五节　本章小结

通过对当前我国经济环境和国际市场环境的分析研究，提出利用创新驱动实现产业升级和发展，优化产业结构，加快要素优化升级，促进创新要素流动，使创新成为安徽省产业结构优化升级和区域经济发展的重要引擎，实现经济的持续发展。然后从理论和实践角度阐明了创新驱动、产业结构优化升级与区域经济发展研究的意义，进一步提出本书的研究内容、技术路线和研究方法。

第二章　文献综述

第一节　创新理论研究文献综述

创新理论最先由经济学家熊彼特提出，他认为创新内容包括产品创新、生产方式的创新、市场的创新、渠道的创新和组织形式的创新。Mansfield 从新产品角度对创新进行定义，认为所有的创新活动都需要与新产品结合起来；Mensch 认为创新是技术的改造与应用，在技术扩散阶段创新拉动经济上升；Freeman 认为创新涉及技术、生产、管理和市场等多方面的第一次应用。Peter F. Drucker 对其做了进一步的发展，管理学家波特提出了创新是经济发展的重要动力。Simon Smith Kuznets（1971）认为创新是有目的性地开展某种活动而采取的新方法。Chandler（1990）将创新分为生产方法的创新和销售渠道的创新两种类型。C.Freeman and L. Soete（1997）认为创新分为渐进性创新和根本性创新，而根本性创新风险性和不确定性更大。J. A. Johannessen，B. Olsen，J. Olaisen（1999）在组织愿景和知识管理的基础上，发展创新理论的一些基础，即促进知识的发展、整合和应用。国内研究人员也对创新有较丰富的研究成果。柳卸林（1993）从产品和工艺角度界定了创新的内涵，许庆瑞（2000）认为创新应该贯穿于创意构思到成功进行商业应用的所有过程。

国内外学者关于创新过程与机制的研究如下。R. R. Nelson，S. G. Winter（1977）认为"创新"是一种载体，用以涵盖人类技术随着时间的推移而发展的各种多样的过程。K. Lyytinen，J. Damsgaard（2001）研究了创新研究的扩散在开发采用复杂的网络化 IT 解决方案的理论账户中的作用。D. Yu，C.C. Hang（2010）阐明了颠覆性创新理论的基本概念和潜在的误解，从内部、外部、营销和技术角度总结和评论了如何实现潜在的颠覆性创新的研究。H. Scarbrough（2003）重点分析了知识管理（KM）的产生和实现，讨论了知识的社会嵌入性是具有决定性影响的制约因素，在这种情况下，这种嵌入性似乎与缺乏广泛的组织内网络和公司不同业务部门开发的不同身份有关，这些发现突出了知识管理在创新过程中的作用。K. Galanakis（2006）揭示了创新系统的复杂性，公共或工业研究的知识创造、新产品设计和开发过程以及产品在市场上的成功这一过程不仅受企业内部其他因素的影响，也受国家创新环境的影响。

国内研究人员刘凤朝、姜滨滨和孙玉涛（2013）认为公共研发投入会影响企业和公共研发机构的研发成果，进一步促进发明、专利和新技术等创新成果的产生，最终带来新产品收入增加。韩雪亮（2015）构建了一个自下而上推动组织创新的过程模型。杨林（2015）研究了合作项目中的新技术知识创造，得出了跨组织合作创新项目的知识创造模型，研究结果表明不同合作主体的创新意图和成员多样性对合作创新项目的知识创造具有显著作用。李婷婷和李艳军（2015）分析了科技创新体制战略转型的动因、过程机制及效应。

Lundvall（1992）、Nelson（1993）使用"国家创新系统"的概念，用以描述给定国家中相关创新变量的系统相关性。C. Edquist，L. Hommen（1999）认为创新系统理论作为创新经济学的一种新兴思潮，提供了与创新政策形成高度相关的非线性视角，总结了国际单位制方法的一些一般特征，并将其与创新经济学的更广泛的理论发展联系起来，探讨了以系统为导向的创新研究方法的一个主要特点：强调相互依赖和互动学习。Cooke 等学者提出和发展了"区域创新系统"的概念。Malerba 等（2002）提出了"产业创新系统"，建议一个部门体系是一套产品和一套代理，为这些产品的创造、生产和销售进行市场和非市场互动，部门系统具有特定的知识库、技术、投入和需求，代理是处于不同聚合级别的个人和组织，通过沟通、交流、合作、竞争和指挥等过程进行互动，这些互动是由机构形成的，一个部门体系通过其各种要素的共同演化经历着变化和转型。谭剑、黄宗远（2017）从政府的作用、企业的作用、教育培训和社会创新、跨领域合作与产业联盟四个方面概括国家创新能力，协调自主创新和技术引进，将高水平的通识教育与企业实践活动相结合，提升产业技术创新联盟机制功能。陈劲、尹西明（2018）提出建设中国国家创新系统需要直面对外开放新阶段的国内外挑战，围绕建设创新型国家为目标，国有企业、中小型企业和民营企业参与创新，与高校、供应商等供给端进行纵向整合，与用户、消费者等需求端协同共创，构建区域创新体系和产业创新体系，激励社会全员全时空参与创新。王开阳、沈华、陈锐（2018）提出连接性政策的概念和分类框架，认为连接性政策的实施是国家创新系统正常运转的一个重要条件。李勃昕、韩先锋（2018）提出新时代中国国家创新体系的模式，知识积累、科研机制、自主产研融合环境，支撑中国创新产业化升级。梁正、李代天（2018）构建了基于产业创新系统的后发国家创新政策演化模型，根据产业技术体制、市场体制、生态体系的不同进行灵活组合与动态调整。

关于创新的度量研究成果主要集中于 2010 年以后。梁东黎（2009）认为自主创新应该用总利润减去非生产性利润进行度量；李华晶（2009）用企业研发经费投入量、高校实验经费支出衡量创新水平；方亮（2015）使用了科技活动人员占年末从业人员的比、企业人均科技活动经费内部支出额、企业人均 R&D 经费内部支出、在孵企业批准知识产权数、企业人均技术收入等指标对创新进行度量；韩美妮、王福胜（2016）用专利数量度量技术创新；李健、林文浩（2017）将创新分为机构创新、市场创新、工具创新、制度创新、管理创新和技术创新 6 大方面 47 个二级指标和 366 个三级指标进行度量；陈昌兵（2019）、吕承超、张学民（2015）等用研发人员数量、研发经费、研发项目数、专利申请数和有效发明专利对产业创新进行度量。

关于超效率 DEA 模型的研究。超效率模型是 Per Anersen 等（1993）提出的，弥补了传统的 DEA 模型不能进一步比较 DEA 有效决策单元的缺陷，继而有很多研究人员利用超效率模型对多个有效决策单元的问题进行研究。徐晓庆（2017）、杜嘉敏（2015）、孙晓雪（2016）等利用 DEA 超效率模型对能源效率进行研究；张潇雯（2015）等针对商业银行效率进行分析与评价；刘钒（2017）、李燕（2017）、王聪（2017）等从科学技术创新效率角度进行分析。可见，超效率 DEA 理论经过近十几年的发展已经作为一种较成熟的效率度量方法被研究人员应用于各个学科与领域，并且被不同研究人员根据研究问题的差异进行了合理的改进。

从现有研究文献可以看出，研究人员认为企业创新活动是企业创造新价值和增加企业经营效益的有效手段，创新内涵不仅包括了新思想和新观念的提出，还包括内容的商业化、市场化行为。创新的过程与机理研究以理论研究为主，理论分析相对具有一般性，缺少针对具体的产业、组织形式进行研究。创新系统的研究扩展到定量分析是当前研究的一个重要方向。另外，创新系统的研究中还缺少产业创新系统和区域创新系统的结合研究。

第二节　产业发展与升级理论文献综述

关于产业发展的基本理论可以追溯到亚当·斯密的《国富论》（1776），他认为不同的产业适用于不同的地区和国家，因为这些国家和地区存在产业发展的绝对优势；1817 年，大卫·李嘉图指出，不同地区和国家在产品的生产上具有不同的条件和优势，这些国家和地区应该生产具有优势的产品并用于出口，通过贸易实现利益增加，这也被称为相对优势理论。后来，美国经济学家 Paul R. Krugman（1953）认为生产技术的变化可以改变生产要素的需求结构和收益格局。

关于产业结构演变的研究始于 William Petty 的《赋税论》。C. Clark（1940）提出了劳动力与产业结构演变的关系，他认为当收入水平较低时，劳动力主要分布在第一产业，随着收入水平的逐渐增加，劳动力会向第二产业和第三产业转移，从而导致农业劳动人口的减少。Simon Kuznets（1955）则通过统计分析发现农业人口和农业产值在国民经济中的比重会随着工业和服务业的增加而逐步降低，工业和服务业产值比重会逐步增大，工业和服务业人口比重也会有小幅上升。罗斯托则认为经济发展主要得益于主导产业不断对外扩散带来的扩散效应。日本经济学家赤松要提出了"雁行形态理论"，其主要思想是主张产业结构国际化过程。M. Peneder（2003）通过实证验证产业结构对总收入的影响，他确定了各种中介结构与宏观绩效之间联系的机制：需求的收入弹性、结构性奖金、企业创新成果的差异倾向以及生产者或用户相关的溢出，根据 28 个经合组织（OECD）成员国的数据研究结果证实，工业结构是 20 世纪 90 年代宏观经济发展的重要决定因素。J.Y. Lin，X. Sun，Y. Jiang（2013）提出了一个经济体适应金融结构的需求侧理论，不同行业、不同技术的企业在企业规模和风险上具有不同的特点，由于各金融机构在提供金融服务方面各有优缺点，因此在其特定的发展水平上，有适合经济发展的金融结构；随着经济的发展，适合经济发展的金融结构也相应地发生了变化。Joshua Drucker（2011）调查提出一个地区性行业或工业部门集中在少数公司中的程度如何影响该行业的本地表现。除了案例研究外，实证研究没有系统地解决这个问题，主要是因为准确测量区域集中度需要公司层面的信息。他探索了地理集中度模式随时间的变化以及与调查区域工业之间的联系，并讨论了区域产业结构对经济发展过程的影响。

产业发展阶段理论的研究可以追溯到 H. 钱纳里的"标准结构"理论。美国经济学家 H. 钱纳里将国民经济发展分为三个阶段，即初级产品生产阶段、工业化阶段和发达经济阶段。经济学家霍夫曼（1931）提出工业化进程中资本资料工业在制造业中的占比会逐步上升，消费品部门与资本品部门的净产值之比会逐渐趋于下降。

关于产业关联理论侧重用精确的量化方法来研究产业之间质的联系和量的关系，其主要研究方法为投入产出分析，最有代表性的是里昂惕夫的投入产出分析方法。产业关联理论的萌芽始于古典经济学时期，法国经济学家魁奈于 1758 年发展了威廉配第的思想。马克思创立了剩余价值学说，提出了再生产理论。里昂惕夫在马克思再生产理论基础上进一步分析了产业间的联系。Paul M. Sweezy 在价值和剩余价值的真实经济联系与价格之间建立了一种数量表述。1874 年，瓦尔拉斯提出了完全竞争市场、规模报酬不变、消费者追求效用最大化、生产者追求利润最大化、消费者偏好、要素供给和生产函数既定不变等假设。里昂惕夫又提出了产品必须同质、产品的需求和价格均为已知、生产函数为线性、投入之间不能互相替代等假设。日本学者筑井甚吉建立了将动态投入产出模型和动态线形规划连接的应用模型。而多夫曼（R. Dorfman）、萨缪尔森（Samuelson）和索洛（R. M. Solow）则提出了所谓的大道定理。1960 年，代瓦·涅姆钦诺夫提出了加边向量方法，陈锡康（1981）提出了非线形实物模型，刘起运（1986）提出了对称模型，查德·斯通实现了从早期的 MPS 体系到 SNA 体系的扩展，罗斯托和赫希曼都将产业关联作为主导产业选择的基准之一。

除此之外，我国研究人员也对产业发展和升级进行了相关的研究。郭克莎（2019）认为 2020—2035 年是多种因素作用下中国产业结构调整升级的快速变动期，"十四五"要推进产业结构政策的调整转变，坚持把结构调整与产业升级结合起来，推动制造业对结构优化的带动效应；刘颜、周建军、于静静（2019）提出金融发展对产业结构升级具有显著的促进作用，在门槛值后对产业结构升级的促进作用会更加明显；孙林（2019）分析了产业结构升级、区域金融发展和经济增长的非线性联动关系；李坤（2019）认为产业升级受到科技创新的影响，借助互联网创造出独角兽企业，并带动传统企业转型升级；陈文晖、熊兴、王婧倩（2018）指出要利用消费力量带动时尚产业结构升级，扩大高品质时尚服务的有效供给；薛维军（2018）分析了产业结构与商贸流通业发展的关系，指出产业结构升级与商贸流通业发展效率呈现非线性影响的关系；孙湘湘、周小亮、黄亮雄（2018）研究发现资本市场发展抑制了产业结构优化升级，资本市场中的股票市场及债券市场发展显著促进了产业结构升级，在金融生态环境较差的地区，资本市场发展对产业结构升级的抑制作用更为显著；任行伟、张强（2019）从产业结构升级视角分析了服务业发展对房地产价格的影响关系；张炜熙、杜元元、沈浩鹏（2019）通过对产业结构升级进行相关论述，将京津冀区域系统分为经济、社会与资源环境三个子系统，构建区域复合系统模型；马微、惠宁（2019）认为金融结构与产业结构升级密切相关，金融市场在金融资源配置中的作用越强，越能助力产业结构升级，良好的市场环境对产业结构升级具有积极影响。

产业结构升级问题的研究主要以中观和宏观视角为主，在现有研究中出现了部分文献中产业升级与产业结构升级优化问题之间的混淆，产业结构升级的度量指标因为受到学科差异性的影响而尚未统一，特别是对于不同产业内部结构转型升级的过程缺乏探讨。在产业结构升级实证研究中，国外较注重国家层面的研究，而国内比较多的研究人员关注中观层面的研究。关于创新影响产业结构升级问题也有少数研究成果，然而创新对产业结构升级的影响机制的研究较为缺乏。

第三节　区域经济发展理论文献综述

区域经济学是由经济地理学逐步演化而来的。韦伯（1909）认为企业的运输成本和劳动力成本是工业区位的重要影响因素，R. 哈罗德和 E. 多马提出了哈罗德－多马模型。P.N.Rosenstein-rodan（1943）提出了经济发展中进行大规模的投资建设有助于推动经济的增长。纳克斯（1953）认为经济发展不能侧重某个地区或部门，而应该多个地区和部门齐头并进、共同发展，才能保障区域经济的平衡和协调。赫希曼（1958）则提出了与此相反的观点，他认为区域经济的发展应该有选择地对部分地区或部门进行重点投资和建设，优先发展的地区和部门会通过外部效应带动其他地区和部门的发展。威尔斯等则重点从梯度转移的角度分析了区域经济发展理论，该理论认为经济发展较好的地区是高梯度地区，一般创新活动较多，随着经济发展，一些相关的经济活动会由高梯度地区向低梯度地区转移，从而带动其他地区的经济发展。Francois Perroux（1955）提出了增长极理论，他认为不同地区和部门因为条件的差异而会出现不同的经济发展水平和速度，一些基础较好的行业或地区会优先得到发展，从而形成经济增长极，增长极会吸引一些要素向其聚拢，从而逐渐扩大规模和产量，然后再通过扩散作用和辐射作用带动其他地区和部门的发展。萨伦巴和马利士提出点轴开发理论，点轴开发理论中"点"即为增长极，"轴"即为不同增长极之间的连接线，随着经济的发展，在要素流动的带动下，不同增长极之间会相互联系形成网络，从而带动多个地区的联动发展。类似于点轴开发理论的还有网络开发理论，也是以增长极理论为基础，形成不同地区和城市之间的交互连接网络，这种动态网络会带动城乡一体化的实现，从而推动更大地区的经济发展。缪尔达尔（1957）提出在经济系统中，各种经济因素之间存在循环因果关系，当某一个因素发生变化时，会引起其他因素的连锁循环效应，其他因素的变化同样也会反过来影响这个因素的变化，从而带来累计因果效应，在区域经济发展中表现为扩散效应和回流效应。Raúl Prebisch（1949）指出在经济发展和国际分工过程中，一些经济发展较好的地区和城市会发展成为大的工业中心，而在这些工业中心的外围会在分工的作用下为工业中心提供原材料等产品，这就是所谓的空间二元结构。这种状态在初始时期会表现得越发明显，而随着城市化和人口的流动，这种空间结构也会逐渐减弱。经济学家 Frank Fetter（1924）提出了边界区位理论，他认为生产成本和运输费用的高低决定了产品市场竞争力的大小，而这种费用受到了空间距离和区位的影响，合适的区位有利于降低这些成本和费用，从而提高产品的利润和竞争力。Bertil Gotthard Ohlin 认为供求关系决定了产品和要素的价格，劳动力密集的地区生产劳动力密集型的产品，出口给劳动力相对缺乏的地区，资本密集的地区生产资本密集型的产品，出口给资本相对缺乏的地区，在劳动力和资本自由流动的情况下，运输成本决定了工业区位，在劳动力和资本不能自由流动的情况下，各地区的价格比率变动决定工业区位。W.Chrestaller 提出了城市区位理论，他认为生产经营活动会形成城镇，城镇为周围地区的居民提供产品和服务，城镇即为该区域的中心，当一个区域内存在多个中心时，中心辐射的区域或者出现空档区，或者出现重叠区，当出现重叠区时会演变为稳定的六边形区域。August Losch 提出的市场区位理论类似于城市区位理论，他认为产品的销售区域是由需求曲线所形成的圆锥体，随着竞争企业的加入会形成多个圆锥体的交叠，在动态演变作用下最终形成六边形区域分布。

国内也有越来越多的研究人员关注创新对区域经济发展的影响研究。周柯、时艳强、曾杨（2013）对北京、上海等城市测定发现科技创新与区域经济转型在静态与动态上均具有内在一致性；方亮、徐维祥（2015）研究了国家级高新区创新对区域经济增长的影响，认为我国国家级高新区创新对区域经济增长具有显著的促进作用；喻开志、吕笑月、黄楚蘅（2016）分析了四川省科技创新对区域经济增长的影响，发现部分地区的科技创新对区域经济产生了积极的影响；张永凯、薛波（2017）对甘肃地区的区域经济进行研究，发现科技创新对甘肃省经济增长有显著影响，但是科技创新对甘肃省经济增长有明显的区域差异；王慧敏、王开、刘钢（2017）分析了江苏省不同区域技术创新对区域经济发展趋势的影响规律；胡曙虹、黄丽、范蓓蕾、肖刚（2017）通过实证分析发现我国高校创新产出对区域经济增长的拉动作用不断提升，创新产出对促进区域经济增长的贡献显著；易文钧、吴晓杰、邢斐（2017）通过对长三角和中部五省经济增长的比较，分析了科技创新对区域经济增长的影响问题；王旭、陈蓉、李明宝（2018）通过实证分析得出科技创新在不同度量指标下对区域经济的影响会有差异；蔡冰冰、赵威、李永贺、李政旸（2019）通过实证分析发现创新与区域经济的耦合协调度呈现"东高西低、南高北低"的空间格局，创新与区域经济耦合协调度的空间集聚由高—高集聚和低—低集聚主导；方亮（2019）认为安徽省各地区集群企业创新对区域经济发展具有积极的促进作用，不同地区集群企业创新对区域经济发展的固定影响也有差异。

随着区域经济学理论的发展，形成了越来越多的研究派系，也形成了多个视角的研究成果。现有区域经济学的研究越来越表现在问题导向的实证研究、区域竞争优势、区域集群、创新网络等方面，研究方法也越来越趋向于模型化和定量研究方向。从总体上看，将创新、产业结构优化升级以及区域经济发展相结合的研究成果缺乏，在创新、产业结构优化对区域经济发展产生影响的过程中，应该突出时代背景和研究对象的个体特征，识别其中的关键影响因素，深入阐述其对区域经济发展产生的影响机理与影响关系。本书从理论的普适性角度系统阐述变量之间的影响关系，并结合安徽省实际情况，进一步验证变量之间的影响关系。

第四节　本章小结

本章综述了现有创新、产业结构优化升级和区域经济发展的研究文献，从现有研究成果中也不难看出，创新对产业结构优化和区域经济发展具有重要的促进作用。在创新研究中，从创新内涵、过程机理以及创新系统角度进行文献综述。从现有研究文献可以看出，创新内涵不仅包括新思想和新观念的提出，还包括内容的商业化、市场化行为。创新的过程与机理研究以理论研究为主，理论分析相对具有一般性，缺少针对于具体的产业、组织形式进行的研究，创新系统的研究中缺少产业创新系统和区域创新系统的结合研究。产业结构优化的研究追随了理论的发展过程，在产业结构升级实证研究中，国外较注重国家层面的研究，而国内比较多的研究人员关注中观层面的研究。关于创新影响产业结构升级问题也有少数研究成果，然而创新对产业结构升级的影响机制的研究较为缺乏。区域经济发展理论相对较成熟，从总体上看，将创新、产业结构优化升级以及区域经济发展相结合的研究成果缺乏，在创新、产业结构优化对区域经济发展产生影响的过程中，应该突出时代背景和研究对象的个体特征，识别其中的关键影响因素，深入阐述其对区域经济发展产生的影响机理与影响关系。

第三章 创新驱动、产业结构优化升级与区域经济发展影响机理

在中国经济进入新常态的背景下，创新驱动成为经济发展的核心动力。在创新驱动下，2017 年服务业对国民经济增长的贡献率为 58.8%，在 GDP 中的占比达 51.6%，拉动全国 GDP 增长 4 个百分点，在 GDP 的占比和贡献率都超过了第一和第二产业的总和，比第二产业高出 1.5 个百分点。以互联网和相关服务为代表的现代新兴服务业增速明显快于传统服务业，产业结构调整实现了质的突破。信息传输、软件和信息技术服务业，租赁和商务服务业，科学研究和技术服务业三大门类增加值占第三产业比重达 15.4%，占 GDP 比重达 8%，对经济增长的贡献率达 17.2%，拉动全国 GDP 增长 1.2 个百分点，成为驱动我国经济增长的新动力。

第一节 影响机理总体构思

创新是企业与其他创新主体实现新价值的过程，创新行为不仅促进了创新主体的价值增值，也成为产业结构优化的重要动力。一般意义上说，创新包括产品创新、技术创新、市场创新、资源创新和组织结构创新。不同内容和形式的创新，都会带来产业技术效率和产业技术水平的提升，落后的产业会通过创新活动进行改造或替换，甚至带来产业之间的互动和连锁效应，从而实现产业结构优化与升级。

在创新的作用下，产业结构会逐渐趋向于高级化，改造后的产业会比先前的产业更具创造价值的能力，产出效率更高，从而带来更多价值的实现。而且，产业结构优化以后，主导产业和优势产业会表现出更大的扩散效应，带动产业链上下游企业和部门的产出增加，甚至带动周边地区的产业实现产业联动，发挥产业的扩散效应和辐射效应，促进区域经济发展。按照创新驱动、产业结构优化升级和区域经济发展之间的影响关系，构建三者影响关系示意图，如图 3.1 所示。

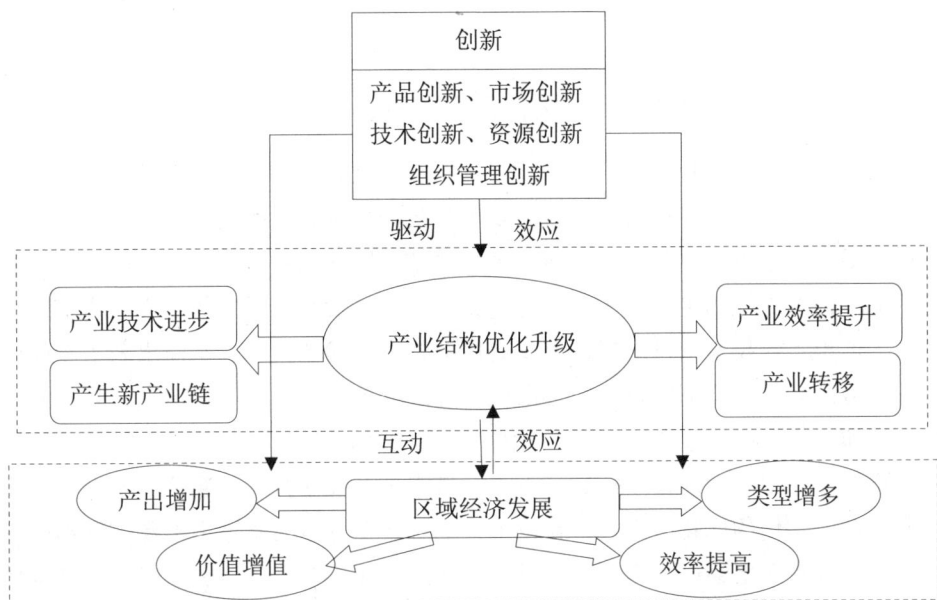

图 3.1　创新驱动、产业结构优化升级和区域经济发展之间的影响关系总体架构

第二节　创新驱动产业结构优化升级影响机理

创新驱动产业结构优化升级是一个复杂的过程，不同类型的创新对产业结构优化升级产生的影响作用也会有所差异。按照熊彼特等大多数研究人员对创新的分类，一般认为创新可以分为产品创新、技术创新、市场创新、资源创新和组织创新等类型。下面将分别按照不同类型的创新对产业结构优化升级的影响过程进行具体分析。

一、产品创新对产业结构优化升级的驱动

消费者的需求变化规律是随着人们购买能力的增强，人们对更优质的产品、更高级的产品需求越来越大。产品创新一般指通过创新活动创造出较原来质量更好、性能更优越的新产品。一般情况下，新产品较老产品能更大程度地满足消费者需求，也能更好地满足消费者逐步高级化的需求。当新产品与老产品进入市场进行市场竞争时，新产品的竞争能力更强，会逐渐将老产品淘汰出局。在市场竞争和消费者需求的作用下，创造新产品的产业会发展得越来越好，部分传统产品

和生产老产品的产业逐渐萎缩，区域的产业结构也会向高级化转变，从而带来产业机构的优化升级。

二、技术创新对产业结构优化升级的驱动

技术创新是创新中最主要的创新形式，很多类型的创新都是基于技术创新而产生的。技术创新一般指通过创新活动对传统的技术进行改造和升级，或者是通过创新活动创造出全新的技术。新技术往往较传统的技术有更高的生产效率、更低的成本以及更强的生产能力。因此，新技术不仅带来了更低的投入，更带来了更高的产出。新技术一旦出现，企业会用新技术替代老技术，从而出现了新的产业部门，落后的产业部门也随即逐渐减少并最终被新产业部门挤出，这是产业更新换代和自我进化的过程。新的技术优势一旦出现，往往会被一些相关企业模仿，促使更多企业加入到新技术的行业中来，带来了新技术行业的繁荣和发展，从而实现了产业结构的优化。而且，新技术企业也会在竞争的环境中不断提升和改造自我，技术水平也会逐步提高，形成了动态的行业发展态势，引领着产业结构持续性的优化升级。

三、市场创新对产业结构优化升级的驱动

市场创新是对原来目标市场的改变。一般市场创新分为市场渗透和新市场开发两种类型，市场渗透是针对原有的目标市场通过各种手段满足未被满足的需求，新市场开发是指开发出尚未开发出来的新市场作为目标市场。市场渗透是对原来目标市场开发创造新需求的过程，新市场开发是增加目标市场群体新需求的过程。可见，无论是市场渗透还是新市场开发，都是增加了新的需求。但是，新需求之所以能够产生，是因为新需求一定比老需求更加高级、更加理性，这是由市场规律决定的，也是经济发展的重要趋势。当新的需求产生，企业会积极响应，生产更多更好的产品满足这种新需求，其他企业也会加入到"新需求满足者"的群体之中，从而会因为新需求而产生新行业或新产业，传统的产业也会向这种新产业的方向调整，促使了产业结构的优化升级。

四、资源创新对产业结构优化升级的驱动

资源是企业从事生产和经营活动所涉及的各种要素。在市场竞争的作用下，企业需要更高的技术水平和更优质的产品提供给目标市场，从而对生产和经营中所需要的各种要素也提出了更高的要求。部分企业会积极寻找优质的资源和要素去替代传统的资源，资源也会在市场的调节下自动向能发挥更大效益的地方流动，

从而带来了资源供求结构的变化。一些发展前景好、市场潜力大、附加值高的行业会吸引更多的资源，从而促使新兴产业、优质产业和发展前景好的产业得以快速发展，那些发展缓慢、技术落后的产业也会逐渐因为缺乏资源而萎缩，促使其进行产业结构的优化升级。

五、组织管理创新对产业结构优化升级的驱动

产业结构优化升级除了受到外在动力因素的影响之外，还受到行业内部管理能力与组织管理形式的影响。组织管理创新，促使企业完善内部管理机制，改进内部制度，有助于进一步提高企业经营管理水平和运营效率，激发企业人员工作积极性，减少因管理效率低下而导致的资源浪费，进而改变落后的生产方式，推动企业提高产出能力与水平。为了保障配套企业提供服务与产品的及时性和适应性，创新企业获取创新利益以后，也会带动行业内的其他配套企业完善管理与经营，配套企业也会积极创新与学习，以提高自身的服务能力。同时，与创新企业有竞争关系的企业为了在市场竞争中取得竞争优势，也会积极创新以完善自身管理效率，从而促进产业链与配套产业整体产出能力的提升。而对于那些创新能力弱、管理效率低的企业与行业，则会在一轮轮的创新活动中逐步萎缩或淘汰，从而引发行业整体的转型与产业结构优化升级。

第三节　创新驱动与产业结构优化升级对区域
经济发展影响机理

创新是技术发展的重要驱动力量，国务院颁布《中共中央、国务院关于加强技术创新，发展高科技，实现产业化的决定》旨在通过推动技术发展实现产业升级和经济发展，用科技带动产业，促进创新体系建设，全面实现企业竞争力提升和区域经济发展。创新需要通过资源和要素的投入才能实现创新成果的产出，创新投入涉及创新研发人员、经费、时间以及设施设备等，不同类型的技术创新，其投入的要素、资源数量和结构会有所差异。

一、从资源利用效率上说

创新活动中工艺的创新、生产方法的创新以及组织管理的创新都在一定程度上提高了资源利用效率，先进的生产工艺和方法改变了资源的投入结构和方式，降低了产品的生产成本和费用，从而带来了更高的经济效益。创新活动是产业结构优化升级的重要手段，也是提高经济产出的重要方式。

在创新驱动作用下，产业结构越发合理和高级化，企业从事生产活动的资源会集中到新的产业之中。在资源配置的作用下，产业结构中产出能力较强的环节和部分会积累更多的资源，而那些落后、低效的环节和部分会很难获取资源。新的产业生产效率和管理效率也相对更高，从而提高了资源的利用效率，并且产业结构越合理，资源的利用效率就越高，相应地，产业资源就会带来更高的产出和效益。单位生产经营成本降低，产业经济产出增加和产业结构优化升级，推动了区域经济的发展。

二、从产业产出能力上说

创新活动无论是对原有技术和产品的改造，还是开发出新的产品或市场，都是对产业产出能力的提升。新技术具有更强的盈利能力，新产品对消费者需求满足程度更高，自然获得更高的市场效益，新市场增加了行业获利能力的空间和范围。企业产出能力提高带动了行业和产业产出能力的提高，实现了区域经济的产出增加。

在创新的作用下，产业结构日趋合理化的过程也是"产业产出能力导向下"的调节过程。一些传统的劳动密集型产业或资源依赖型产业会逐渐减少，取而代之的是一些高效、先进、高技术的产业，这些产业创新活动频繁，创新成果丰富，不仅在规模上能够实现经济产出的逐渐增加，还可以提高产品的市场价值，实现价值增值，或者增加产出类型，增加经济产出盈利项目，全面提升产业产出总量，促进区域经济总量的增加和经济产出效率的提高。

三、从产业规模经济上说

产业结构的优化过程既有产业的"减肥"过程，也有产业的"增肌"过程。产业的"减肥"过程是一些低效、耗能产业的逐渐萎缩，产业的"增肌"过程是一些高效、先进产业的集聚与扩张。在创新作用下，产业结构处于持续性的动态调整中，高效、先进的产业会日益增多，规模也逐渐增大，一些相关产业和配套产业会集聚到一起形成规模。一旦规模形成，各个部门和产业不同环节的企业聚拢一起，各个相关产业或配套产业可以实现资源共享、信息共享、互通有无、取长补短，大大提高了整体生产效率和产出水平，也积极地推动了创新成果的共享。由集聚产生的规模效应实现的整体产出效果远远大于每一个企业或产业部门个体产出总和。这对区域经济发展的积极方面包括资源的利用效率提高、产业协调程度提高、产出总量增加以及经济产出效率提高等。

四、从产业扩散效应上说

产业结构的优化与升级促使了一些高效、先进的产业逐渐增强,资源配置、要素投入、政策倾向等也会相应"青睐"于这些产业。部分产业得到优先的快速发展,逐渐形成具有显著优势的主导产业或强势产业。主导产业和强势产业形成以后,逐渐形成和完善配套的产业链和产业集聚,在规模上和产业系统上明显优越于其他产业,产业条件也越发成熟,产业对地方经济的带动能力更强,甚至形成地方经济的增长极。并且随着产业的逐步进化升级,一些配套的产业和服务部门会向周边扩散,发挥主导产业的扩散效应,周边地区也会积极响应,一些配套的小企业积极加入到产业链中来,与主导产业建立关系,为主导产业提供服务和配套,从而带动了周边地区经济发展。

五、创新、产业结构优化升级与区域经济发展的反向驱动关系

新产业、先进产业往往创新特征更加明显,如技术密集型产业、知识密集型产业、高科技产业等都是创新型产业。当产业结构日渐趋向于高级化、合理化,也会对创新提出更高的要求,产业组织也会进一步加强创新管理以提升产业的竞争力,从而促进创新的发展。

当地区经济得到一定程度的发展,经济产出能力得到显著增强时,区域经济会反过来促进创新的发展和产业结构优化升级,这个过程可以称之为"反向驱动作用"。首先,区域经济反作用于创新。区域经济发展,企业产出能力增强,企业会加大对创新的管理和投入,在优越的外在条件下,企业创新活动更加频繁,创新成果进一步增多,从而推动了创新的发展。而且,区域经济的发展也更有利于吸引更多的创新资源和要素流入到该区域内,该区域内创新资源和要素得到进一步的积累,对区域创新起到了积极的促进作用。其次,区域经济反作用于产业结构优化升级。区域经济的发展有利于进一步扩大对先进产业和高效产业的投入力度,从而扶持产业向先进产业和高效产业方向调整,实现产业结构进一步合理化和高级化。另外,区域经济的发展,往往带来了产品需求的增加,会相应扩大对部分生产部门或行业的投资和建设,从而推动了产业结构的调整;而且,区域经济发展还表现为地区高附加值产品或行业、高技术产品或行业的进一步发展,相应一些低附加值、低技术含量的产品会逐渐减少,从而促使了产品需求结构和供给结构的变化,在供给与需求的相互调节过程中,产业结构也相应地进一步趋向于合理化与高级化。

第四节 本章小结

本章首先按照创新驱动、产业结构优化升级和区域经济发展之间的影响关系，构建三者影响关系总体框架图，认为不同内容和形式的创新，都会带来产业技术效率和产业技术水平的提升，落后的产业会通过创新活动进行改造或替换，甚至带来产业之间的互动和连锁效应，实现产业结构优化升级。在创新的作用下，产业结构会逐渐趋向于高级化，产业结构优化以后，主导产业会表现出更大的扩散效应，发挥产业的扩散效应和辐射效应，促进区域经济发展。

其次，分析了创新驱动对产业结构优化升级影响机理。在市场竞争和消费者需求的作用下，创造新产品的产业会发展得越来越好，部分传统产品和生产老产品的产业逐渐萎缩，区域的产业结构也会向高级化转变，从而带来产业结构的优化升级。技术创新不仅带来了更低的投入，更带来了更高的产出。新技术一旦出现，企业会用新技术替代老技术，从而出现了新的产业部门，落后的产业部门也随即逐渐减少并最终被新产业部门挤出，这是产业更新换代和自我进化的过程。市场创新无论是市场渗透还是新市场开发，都是增加了新的需求。当新的需求产生，企业会积极响应，生产更多更好的产品满足这种新需求，其他企业也会加入到"新需求满足者"的群体之中，从而会因为新需求而产生新行业或新产业，传统的产业也会向这种新产业的方向调整，促使产业结构的优化升级。资源也会在市场的调节下自动向能发挥更大效益的地方流动，从而带来了资源供求结构的变化。一些发展前景好、市场潜力大、附加值高的行业会吸引更多的资源，从而促使新兴产业、优质产业和发展前景好的产业得以快速发展，那些发展缓慢、技术落后产业也会逐渐因为缺乏资源而萎缩，促使其进行产业结构的优化升级。组织管理创新有助于进一步提高企业经营管理水平和运营效率，激发企业人员工作积极性，减少因管理效率低下而导致的资源浪费，进而改变落后的生产方式，推动企业提高产出能力与水平。而对于那些创新能力弱、管理效率低的企业与行业，则会在一轮轮的创新活动中逐步萎缩或淘汰，从而引发行业整体的转型与产业结构优化升级。

最后，从资源利用效率上、产业产出能力上、产业规模经济上、产业扩散效应上分析了创新驱动与产业结构优化升级对区域经济发展影响机理，以及区域经济发展反向驱动创新发展和产业结构优化升级。随着区域经济的发展，企业会加大对创新的管理和投入，创新活动得以有效推进，从而推动了创新的发展。区域经济的发展有利于进一步扩大对先进产业和高效产业的投入力度，从而扶持产业向先进产业和高效产业方向调整，实现产业结构进一步合理化和高级化。另外，区域经济的发展，往往带来了产品需求的增加，会相应扩大对部分生产部门或行业的投资和建设，从而推动了产业结构的调整。

第四章　研究假设的提出

第一节　创新效率

自从熊彼特提出创新理论以来，创新一直被认为是经济发展的重要动力。但是，创新活动本身也是一个复杂的系统，每一个创新活动都伴随着创新要素的投入，不同要素投入数量、结构也会对创新效果产生重要影响。因此，从区域层面上说，考虑到地区和产业的差异性，不同地区创新活动会有差异性的创新效率。基于此考虑，特提出如下研究假设：

H1：创新效率在空间分布上具有明显差异。

第二节　创新与产业结构优化升级的关系

在市场竞争和消费者需求的作用下，创造新产品的产业会发展得越来越好，区域的产业结构也会向高级化转变，从而带来产业结构的优化升级；新技术不仅带来了更低的投入，更带来了更高的产出，新技术的出现带来了新的产业部门，落后的产业部门也随即逐渐减少并最终被新产业部门挤出，引领着产业结构持续性的优化升级；无论是市场渗透还是新市场开发，都是增加了新的需求，新的需求产生，从而会因为新需求而产生新行业或新产业，促使了产业结构的优化升级；资源创新促使新兴产业、优质产业和发展前景好的产业得以快速发展，那些发展缓慢、技术落后的产业也会逐渐因为缺乏资源而萎缩，促使其进行产业结构的优化升级；组织管理创新有助于进一步提高企业经营管理水平和运营效率，而对于那些创新能力弱、管理效率低的企业与行业，则会在一轮轮的创新活动中逐步萎缩或淘汰，从而引发行业整体的转型与产业结构优化升级。同样，新产业、先进产业往往创新特征更加明显，如技术密集型产业、知识密集型产业、高科技产业等都是创新型产业。当产业结构日渐趋向于高级化、合理化，也会对创新提出更高的要求，产业组织也会进一步加强创新管理以提升产业的竞争力，从而促进创新的发展。基于此分析，特提出以下研究假设：

H2：创新对产业结构优化升级具有正向的驱动作用。

H3：产业结构优化升级对创新具有积极的影响作用。

创新与产业结构优化升级关系可以用示意图 4.1 表示：

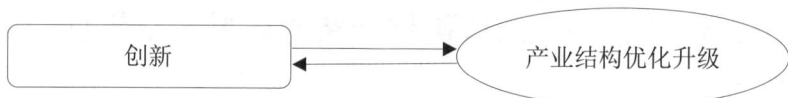

图 4.1　创新与产业结构优化升级关系图

第三节　产业结构优化升级与区域经济发展的关系

产业结构越发合理和高级化，企业从事生产活动的资源就会越集中到新的产业之中，在资源配置的作用下，产业结构中产出能力较强的环节和部分会积累更多的资源，新的产业生产效率和管理效率也相对更高，从而提高了资源的利用效率，带来了更高的产出和效益。高效、先进、高技术的产业创新活动频繁，创新成果丰富，不仅在规模上能够实现经济产出的逐渐增加，还可以提高产品的市场价值，实现价值增值，或者增加产出类型，增加经济产出盈利项目，全面提升产业产出总量，促进区域经济总量的增加和经济产出效率的提高。产业结构处于持续性的动态调整中，高效、先进的产业会日益增多，规模也渐渐增大，各个相关产业或配套产业可以实现资源共享、信息共享、互通有无、取长补短，这种集聚一起的规模效应实现的整体产出效果远远大于每一个企业或产业部门个体产出总和。部分产业得到优先的快速发展，逐渐形成具有显著优势的主导产业或强势产业，并且随着产业的逐步进化升级，一些配套的产业和服务部门会向周边扩散，发挥主导产业的扩散效应，带动了周边地区经济发展。

区域经济的发展有利于进一步扩大对先进产业和高效产业的投入力度，从而扶持产业向先进产业和高效产业方向调整，实现产业结构进一步合理化和高级化。

基于此分析，特提出如下研究假设：

H4：产业结构优化升级对区域经济发展具有正向的促进作用。

H5：区域经济发展对产业结构优化升级具有积极的促进作用。

产业结构优化升级与区域经济发展影响关系可以用示意图 4.2 表示：

图 4.2　产业结构优化升级与区域经济发展影响关系图

第四节　创新、产业结构优化升级与区域经济发展的关系

创新活动中工艺的创新、生产方法的创新以及组织管理的创新都在一定程度上提高了资源利用效率，先进的生产工艺和方法改变了资源的投入结构和方式，降低了产品的生产成本，从而带来了更高的经济效益。新技术具有更强的盈利能力，新产品对消费者需求满足程度更高，自然获得更高的市场效益，新市场增加了行业获利能力的空间和范围。企业产出能力提高带动了行业和产业产出能力的提高，实现了区域经济的产出增加。

区域经济的发展，企业产出能力增强，企业会加大对创新的管理和投入，在优越的外在条件下，企业创新活动更加频繁，创新成果进一步增多，从而推动了创新的发展。

基于此分析，特提出如下研究假设：

H6：创新对区域经济发展具有正向驱动作用。

H7：区域经济发展对创新具有积极促进作用。

H8：在产业结构优化升级作为中介变量的作用下，创新对区域经济发展具有积极影响。

创新、产业结构优化升级与区域经济发展关系可以用示意图 4.3 表示：

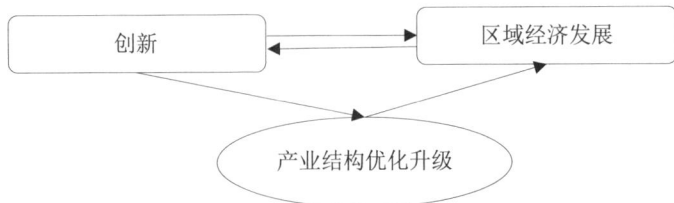

图 4.3　创新、产业结构优化升级与区域经济发展关系图

第五节　本章小结

本章通过创新驱动、产业结构优化升级和区域经济发展之间的影响机理，提出了变量之间关系的研究假设。产品创新、技术创新、市场创新、资源创新和组织管理创新，促进了新产业的产生，传统的产业也会向这种新产业的方向调整，促使了产业结构的优化升级。从资源利用效率上、产业产出能力上、产业规模经济上、产业扩散效应上分析了创新驱动与产业结构优化升级对区域经济发展的影响关系，以及区域经济发展反向驱动创新发展和产业结构优化升级。提出了创新效率在空间分布上具有明显差异、创新对产业结构优化升级具有正向的驱动作用、产业结构优化升级对创新具有积极的影响作用、产业结构优化升级对区域经济发展具有正向的促进作用、区域经济发展对产业结构优化升级具有积极的促进作用、创新对区域经济发展具有正向驱动作用、区域经济发展对创新具有积极促进作用、在产业结构优化升级作为中介变量的作用下创新对区域经济发展具有积极影响等研究假设。

第五章 度量指标设计与研究模型构建

第一节 创新度量指标设计

创新是一个复杂的过程，其所包含的内容也非常丰富，所以对创新也很难用一个指标进行准确的度量。本研究在分析现有文献的基础上，参考了其他研究人员对创新的度量方法，围绕创新投入和创新产出两个方面设计度量指标体系。考虑到创新投入涉及人员数量、经费数量、创新主体机构数量、创新研发时间等方面，本研究用研究与试验发展（R&D）人员数、研究与试验发展（R&D）研究机构数、研究与试验发展（R&D）内部经费支出、研究与试验发展（R&D）人员折合全时当量合计作为创新投入指标；考虑到创新产出主要指创新活动所产生的成果和绩效，而创新活动的成果主要体现为专利数量和新产品数量等，所以，本研究用专利申请数、专利授权数、工业企业新产品销售收入作为创新产出指标。

具体度量指标体系内容、单位和代码如表5.1所示。

表5.1 创新度量指标体系

一级指标	二级指标	三级指标	单位	代码
创新（IN）	创新投入（INI）	研究与试验发展（R&D）人员数	人	NP
		研究与试验发展（R&D）研究机构数	个	NRI
		研究与试验发展（R&D）内部经费支出	万元	IE
		研究与试验发展（R&D）人员折合全时当量合计	人年	FET

一级指标	二级指标	三级指标	单位	代码
创新（IN）	创新产出（INO）	专利申请数	件	NPA
		专利授权数	件	NPAU
		工业企业新产品销售收入	万元	NPI

第二节　产业结构优化升级度量指标设计

产业结构优化升级的度量指标需要结合产业结构优化升级的内涵和主要特征进行设计。一般情况下，从宏观和中观层面上分析产业结构问题时将产业结构分为第一产业、第二产业和第三产业，而要素和资源在这三个产业之间的流动也正好反映了产业结构调整和升级的过程。产业结构优化升级度量方法尚未形成统一的标准，一般常见于霍夫曼比率法、需求收入弹性法、产业比重法、投入产出水平法等，本研究参考了鲁朝云（2019）、张超（2019）、何文章（2019）、徐德云（2008）、徐敏和姜勇（2015）等研究中使用的三产比重法进行度量。如公式 5.1、5.2、5.3、5.4 所示。

$$\partial_1 = \frac{c_1}{GDP} \tag{5.1}$$

$$\partial_2 = \frac{c_2}{GDP} \tag{5.2}$$

$$\partial_3 = \frac{c_3}{GDP} \tag{5.3}$$

$$IU = \partial_1 + 2\partial_2 + 3\partial_3 \tag{5.4}$$

其中，∂_1 为第一产业占 GDP 的比重，c_1 为第一产业产值；∂_2 为第二产业占 GDP 的比重，c_2 为第二产业产值；∂_3 为第三产业占 GDP 的比重，c_3 为第三产业产值。IU 为产业结构优化升级系数，$IU \in [1,3]$，随着 IU 值的增大，产业结构越来越趋向于高级化和服务型。具体指标如表 5.2 所示。

表5.2 产业结构优化升级度量指标体系

一级指标	二级指标	单位	代码
产业结构优化升级系数（IU） $IU = \partial_1 + 2\partial_2 + 3\partial_3$	第一产业产值 / 地方国内生产总值	%	$\partial_1 = \dfrac{c_1}{GDP}$
	第二产业产值 / 地方国内生产总值	%	$\partial_2 = \dfrac{c_2}{GDP}$
	第三产业产值 / 地方国内生产总值	%	$\partial_3 = \dfrac{c_3}{GDP}$

第三节 区域经济发展度量指标设计

对区域经济发展的度量基本上已经形成了较成熟的指标体系，现有研究人员主要使用 GDP、人均 GDP、财政收入、居民收入、进出口额、工业总产值、居民消费等指标对区域经济发展进行度量。结合现有研究成果和本研究特征，本研究采用了国内生产总值、地方财政收入、社会消费品零售总额、进出口总额四个指标进行度量。具体如表 5.3 所示。

表5.3 区域经济发展度量指标体系

一级指标	二级指标	单位	代码
区域经济发展（RE）	国内生产总值	亿元	GDP
	地方财政收入	万元	LFR
	社会消费品零售总额	万元	TSC
	进出口总额	万美元	TIE

第四节　研究模型构建

一、创新效率模型

大多数研究人员对创新效率的研究都是结合 DEA 模型。DEA 模型是运筹学家 A.Charnes（查恩斯）、W.W.Cooper（库伯）及 E.Rhodes（罗兹）首先提出的数据包络分析（Data Envelopment Analysis）方法。该模型对于多指标投入和多指标产出问题的有效性研究非常适用。随着对该模型进一步深入研究，研究人员提出了超效率 SBM 模型。超效率 SBM 模型相对于普通的 DEA 模型不仅考虑了松弛变量的问题，更能够精确地考察创新效率有效时不同决策单元之间的效率大小和相对关系。因此，本研究采取超效率 SBM 模型对创新效率进行研究。超效率 SBM 模型的设计如公式 5.5、5.6、5.7 所示：

$$\min \rho = \frac{1+\dfrac{1}{p}\sum_{i=1}^{p} q_i' / x_{ik}}{1-\dfrac{1}{q}\sum_{r=1}^{q} q_r'' / y_{rk}} \tag{5.5}$$

$$\sum_{j=1,j\neq k}^{n} x_{ij}\lambda_j - q_i' \leqslant x_{ik} \tag{5.6}$$

$$\sum_{j=1,j\neq k}^{n} y_{rj}\lambda_j + q_r'' \geqslant y_{rk} \tag{5.7}$$

$\lambda \geqslant 0$，$q'' \geqslant 0$，$q' \geqslant 0$，$i=1,2,\cdots p$，$r=1,2,\cdots q$

其中，ρ 为创新效率值，p 为投入要素的种类，q 为产出要素的种类，x_{ik} 为投入向量，y_{rk} 为产出向量，λ 为包络系数，q_i' 为投入要素松弛变量，q_r'' 为产出要素松弛变量。

二、创新对产业结构优化升级的影响模型

创新对产业结构优化升级的影响分析需要结合多元回归分析的思想。本研究对生产函数模型进行变量引入，如公式 5.8 生产函数模型将因变量和自变量带入对数公式得到公式 5.9。模型中引入了资本（K）和劳动力（L）作为控制变量，创新（IN）为自变量，产业结构优化升级（IU）为因变量，反映了创新对产业结构优化升级的影响关系和影响程度。

$$Y = \alpha_1 K + \alpha_2 L + \alpha_3 X + \mu \qquad (5.8)$$

$$IU = \alpha_1 K + \alpha_2 L + \alpha_3 IN + \mu \qquad (5.9)$$

三、创新对区域经济发展的影响模型

创新对区域经济发展的影响关系同样采用多元回归的方法进行分析，如公式 5.10 和 5.11 所示。将变量引入公式 5.10 函数得到公式 5.11 函数模型，同样以资本（K）和劳动力（L）作为控制变量，创新（IN）为自变量，区域经济发展（RE）作为因变量，反映了创新对区域经济发展的影响关系和影响程度。

$$Y = A(t) + \alpha L + \beta K + \mu \qquad (5.10)$$

$$RE = IN + \alpha L + \beta K + \mu \qquad (5.11)$$

四、产业结构优化升级对区域经济发展的影响模型

产业结构优化升级对区域经济发展也存在一定的影响关系，产业结构优化程度越高，往往越有利于区域经济发展。因此，同样采用多元回归的方法进行分析，如公式 5.12 和 5.13 所示。将变量引入公式 5.12 函数得到公式 5.13 函数模型，同样以资本（K）和劳动力（L）作为控制变量，产业结构优化升级（IU）为自变量，区域经济发展（RE）作为因变量，反映了产业结构优化升级对区域经济发展的影响关系和影响程度。

$$Y = A(t) + \alpha L + \beta K + \mu \qquad (5.12)$$

$$RE = IU + \alpha L + \beta K + \mu \qquad (5.13)$$

五、产业结构优化升级与区域经济发展的互动关联模型

产业结构优化升级与区域经济发展之间存在内在的联系与影响，为了进一步考察这两个变量之间的互动关系，可以考虑使用双向回归分析。双向回归分析考察某个变量的滞后期对当期另一个变量的影响，在产业结构优化升级与区域经济发展的互动关系中，可以将这两个变量的相互影响通过双向因果回归关系进行检验，从而判定是否存在该变量受到另一个变量滞后期影响。如公式 5.14 和 5.15 所示。

$$RE_t = \alpha IU_t + \beta_1 L + \beta_2 K + \mu \qquad (5.14)$$

$$IU_{t+1} = \alpha RE_t + \mu \qquad (5.15)$$

第五节　本章小结

本章在对现有研究文献进行分析的基础上设计了创新、产业结构优化升级、区域经济发展的度量指标体系。并且，构建了创新效率模型、创新对产业结构优化升级的影响模型、创新对区域经济发展的影响模型、产业结构优化升级对区域经济发展的影响模型、产业结构优化升级与区域经济发展的互动关联模型，为下一步的实证研究做准备。

第六章　安徽省创新、产业发展与区域经济发展状况

本研究中各指标数据主要来源于《安徽省统计年鉴》（2012—2018），其中2011 年安徽省各地级市固定资产投资额来自《2011 年各地级市国民经济和社会发展统计公报》。

第一节　安徽省创新发展状况

一、创新各指标发展状况

改革开放以来，我国创新得到了长足的发展，我国的科技创新投入和创新产出逐年增加，创新对地方产业发展和经济发展都发挥了越来越重要的作用。与发达国家相比，从以往"差距较大"变为今天的"差距缩小"、"重点超越"，我国科技创新走过了一段辉煌的历程。特别是党的十八大以来，国家提出了创新驱动发展战略，创新成为解决发展问题的"总开关"，创新也成为引领发展的第一动力，中国创新力量快速崛起。

安徽省贯彻落实《国家创新驱动发展战略》，制定了一系列创新发展政策，加强改革创新，取得了显著成绩。从创新人员数上看，如图 6.1 所示，安徽省研究与试验发展（R&D）人员各地级市均值数从 2011 年的 7434.625 人增加到 2017 年的 14265.3125 人，人数增加了 1.92 倍，并且 2011 年到 2017 年安徽省各地级市研究与试验发展（R&D）人员均值数呈现逐年增加的趋势。从空间分布上看，如图 6.2 所示，安徽省各地级市研究与试验发展（R&D）人员数 2011—2017 年度均值合肥市最多，为 68082.29 人；其次芜湖市为 25549 人；蚌埠市为 13091.71 人；最少的是亳州市，为 1958.86 人。从研究与试验发展（R&D）研究机构数上看，如图 6.3 所示，安徽省 2011 年到 2017 年各地级市均值由 2011 年的 130.25 家增加到

2017 年的 365.75 家，机构数增加了 2.81 倍，2011 年到 2017 年安徽省研究与试验发展（R&D）研究机构数各地级市均值呈现逐年增加的趋势。从空间分布上看，如图 6.4 所示，安徽省研究与试验发展（R&D）研究机构数（2011—2017 年度均值）合肥市最多，为 1068.14 家，其次是芜湖市，为 447.57 家，滁州市为 433.86 家，淮北市最少，为 89.71 家。安徽省研究与试验发展（R&D）研究机构数空间分布不均匀，各区域差异较明显。

单位：人

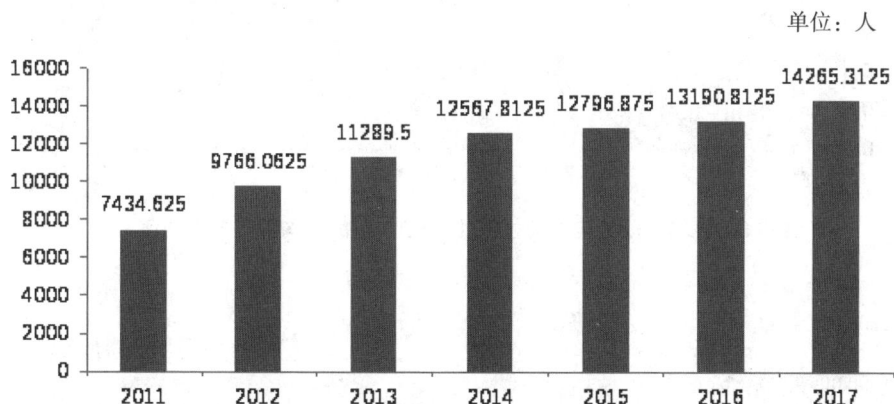

图 6.1　安徽省研究与试验发展（R&D）人员数（各市均值）

单位：人

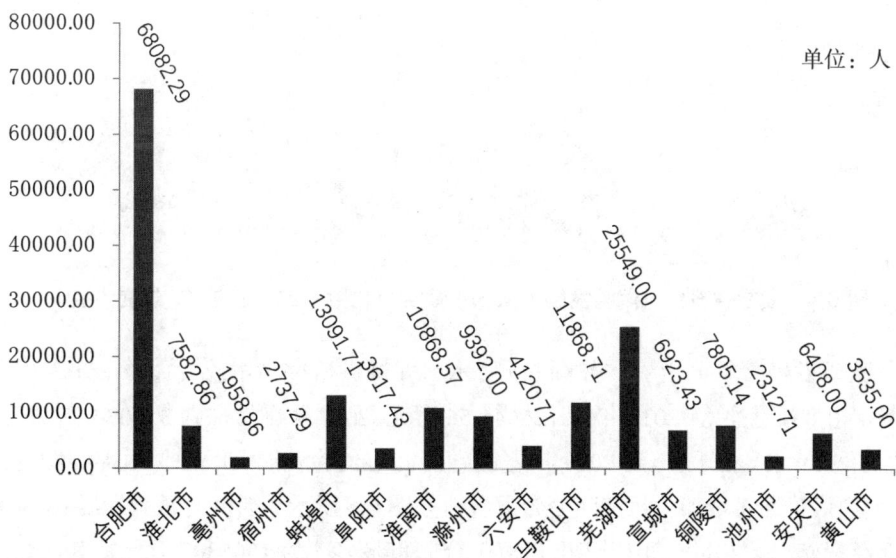

图 6.2　安徽省研究与试验发展（R&D）人员数（2011—2017 年度均值）

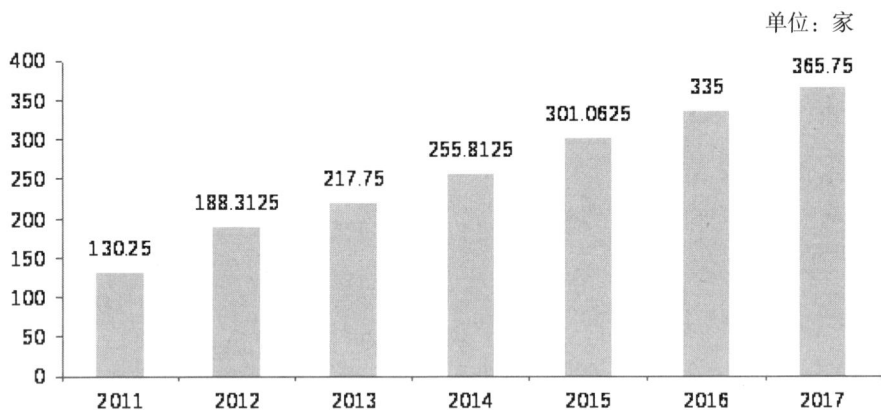

单位：家

图 6.3　安徽省研究与试验发展（R&D）研究机构数（各市均值）

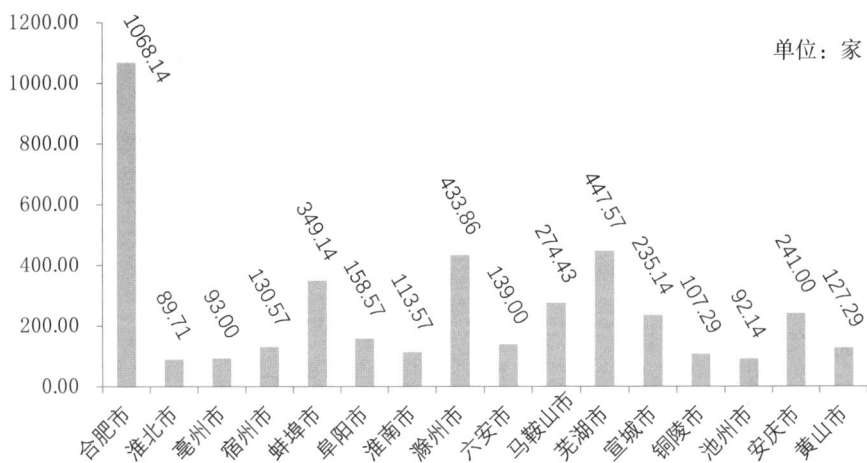

单位：家

图 6.4　安徽省研究与试验发展（R&D）研究机构数（2011—2017 年度均值）

　　从研发经费投入上看，如图 6.5 所示，安徽省研究与试验发展（R&D）内部经费支出（各市均值）2011 年为 126646.56 万元，2017 年则增加到 353074.88 万元，增加了 2.79 倍，2011 年到 2017 年安徽省研究与试验发展（R&D）内部经费支出（各市均值）逐年增加。从空间分布上看，如图 6.6 所示，研究与试验发展（R&D）内部经费支出（2011—2017 年度均值）合肥市最多，为 1565303 万元，其次是芜湖市，为 599821.4286 万元，马鞍山市位居第三，为 322291.2857 万元，亳州市最少，为 36581.85714 万元。安徽省研究与试验发展（R&D）内部经费支出（2011—2017 年度均值）各地区空间差异明显。

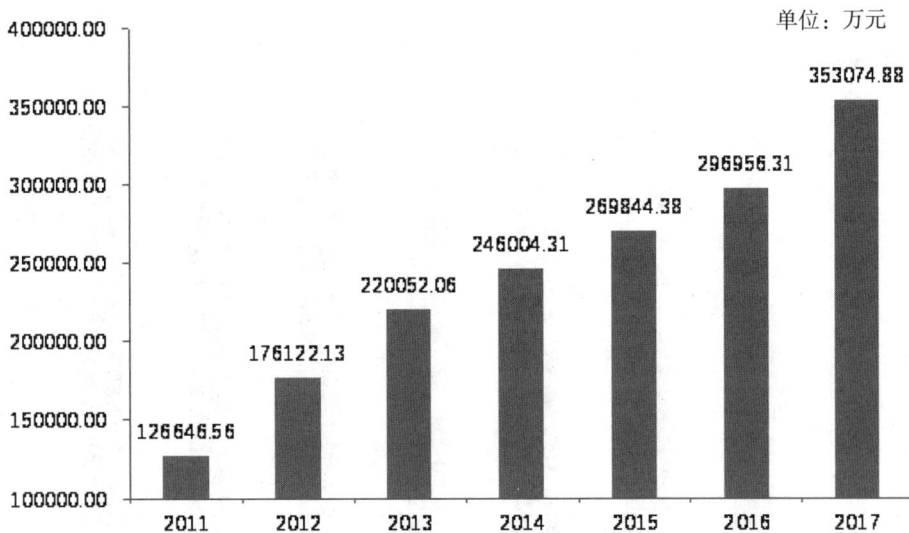

图 6.5 安徽省研究与试验发展（R&D）内部经费支出（各市均值）

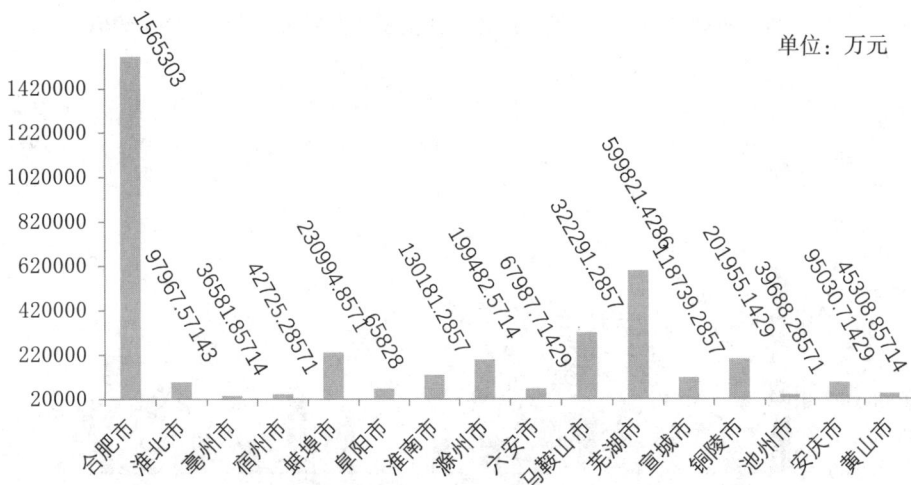

图 6.6 安徽省研究与试验发展（R&D）内部经费支出（2011—2017 年度均值）

安徽省研究与试验发展（R&D）人员折合全时当量，如图 6.7 所示，各市均值 2011 年为 4857.6875 人年，2017 年达到 8778.3125 人年，增长了 1.81 倍，2011年到 2017 年研究与试验发展（R&D）人员折合全时当量合计（各市均值）稳步增长。从空间分布上看，如图 6.8 所示，研究与试验发展（R&D）人员折合全时当量（2011—2017 年度均值）合肥市为 45574.71 人年，在安徽省各地级市中排名第一，其次是芜湖市，为 15459.29 人年，亳州市最低，为 1163.14 人年。各地级市存在显著的空间差异。

单位：人年

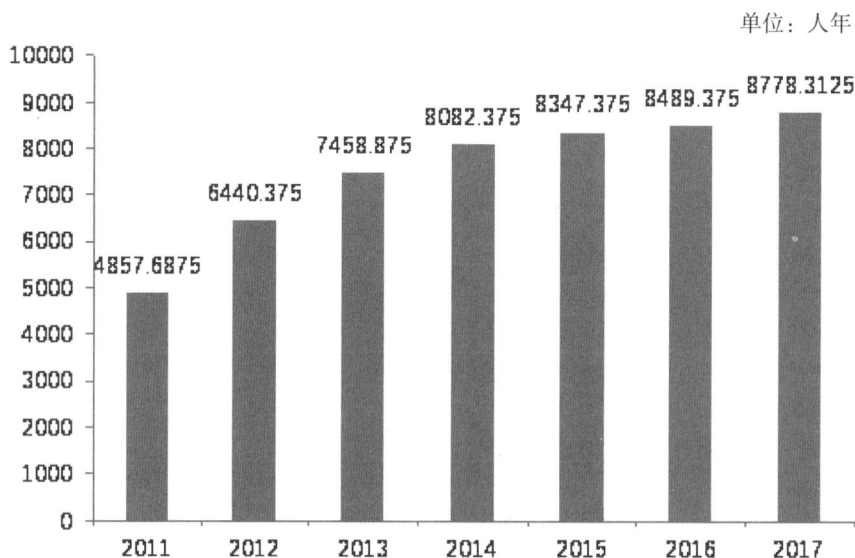

图 6.7　安徽省研究与试验发展（R&D）人员折合全时当量合计（各市均值）

单位：人年

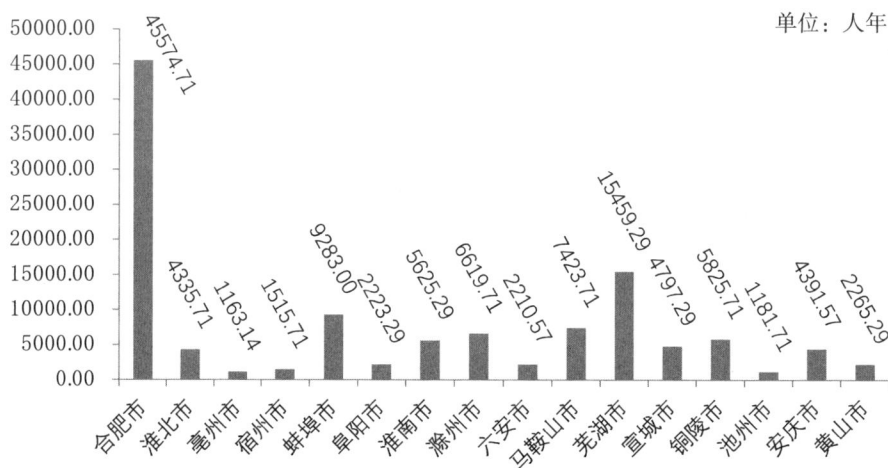

图 6.8　安徽省研究与试验发展（R&D）人员折合全时当量合计（2011—2017 年度均值）

从专利申请数上看，如图 6.9 所示，安徽省各地级市 2011 年专利申请数（均值）为 3034.75 件，2017 年达到了 10991.9375 件，增长了 3.62 倍。合肥市专利申请数 2011—2017 年度均值位居各地级市第一，为 30847.71 件，芜湖市位居第二，为 20258.29 件，黄山市最少，为 1191.57 件。如图 6.10 所示。

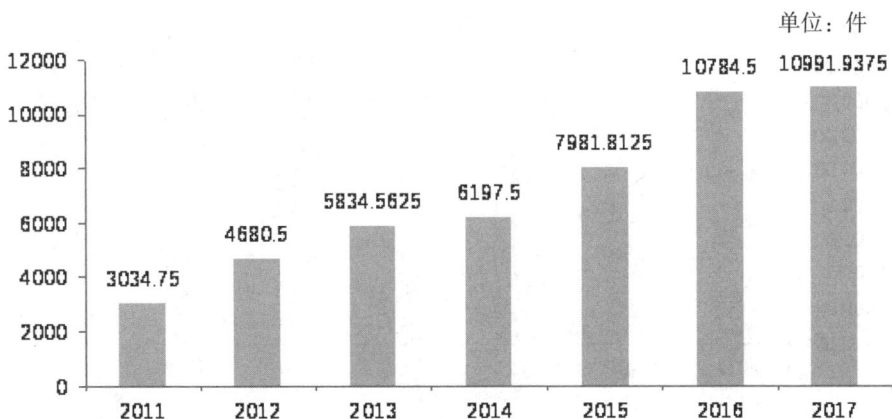

单位：件

图 6.9　安徽省专利申请数（各市均值）

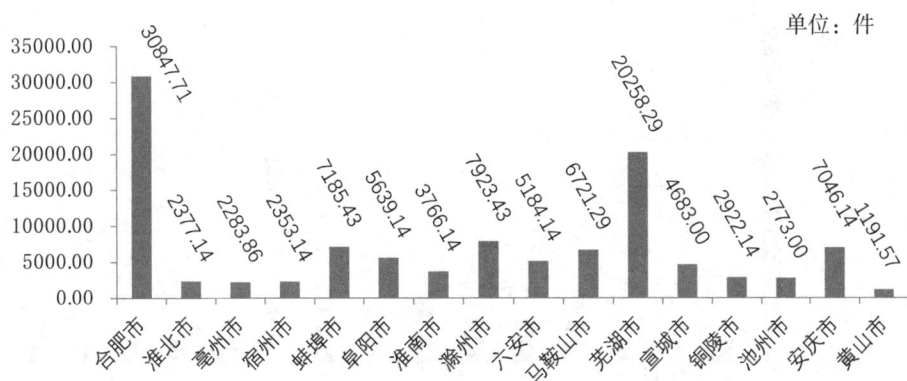

单位：件

图 6.10　安徽省专利申请数（2011—2017 年度均值）

　　从专利授权数上看，如图 6.11 所示，2011 年安徽省各地级市专利授权数各市均值为 2042.56 件，2017 年达到 3638.31 件，增长了 1.78 倍。2011—2017 年度均值中，合肥市为 14513.57 件，全省第一，其次是芜湖市，为 9167.86 件，马鞍山市为 3406.43 件，位居第三，黄山市在全省排名最后，为 795.71 件。如图 6.12 所示。

单位：件

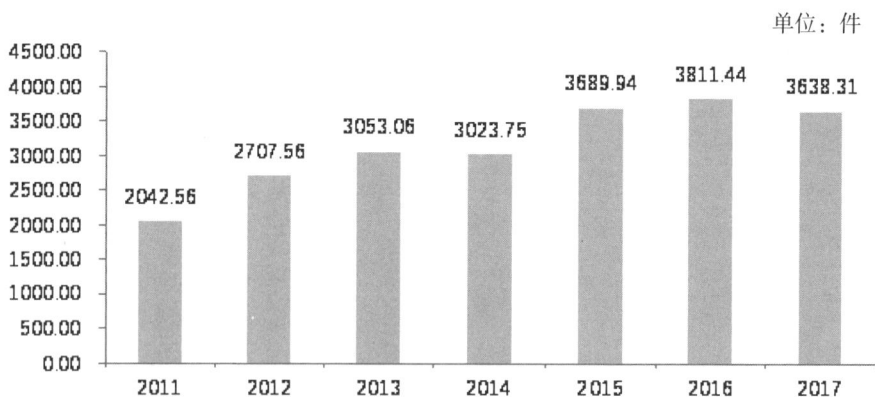

图 6.11 安徽省专利授权数（各市均值）

单位：件

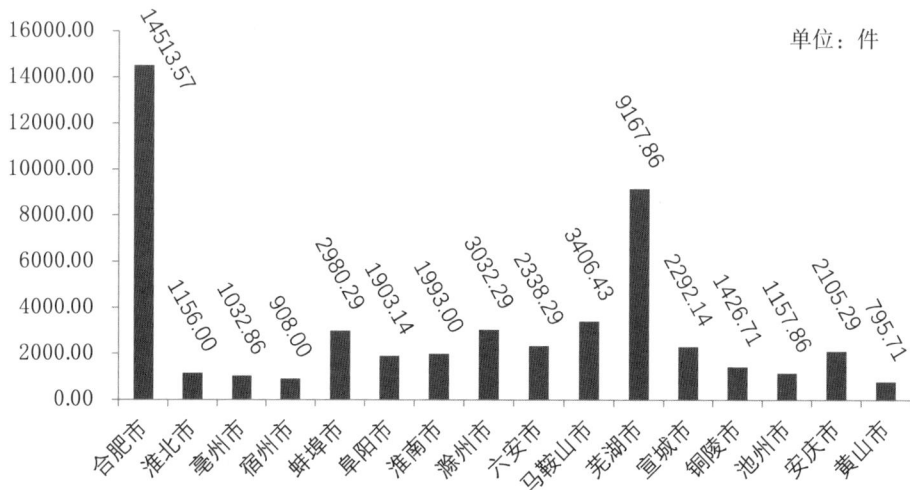

图 6.12 安徽省专利授权数（2011—2017 年度均值）

从工业企业新产品销售收入上看，如图 6.13 所示，2011 年安徽省各地级市均值为 1737032.5 万元，到 2017 年则达到了 5526922.938 万元，工业企业新产品销售收入增加了 3.18 倍，并且 2011 年到 2017 年呈现稳定的增长趋势。从空间分布上看，如图 6.14 所示，合肥市工业企业新产品销售收入（2011—2017 年度均值）位居全省第一，为 17906376.57 万元，其次是芜湖市，为 9847529.57 万元，滁州市排名第三，为 6258853.29 万元，之后依次为铜陵市、马鞍山市和蚌埠市等，淮南市位居全省最后，为 364237 万元。

単位：万元

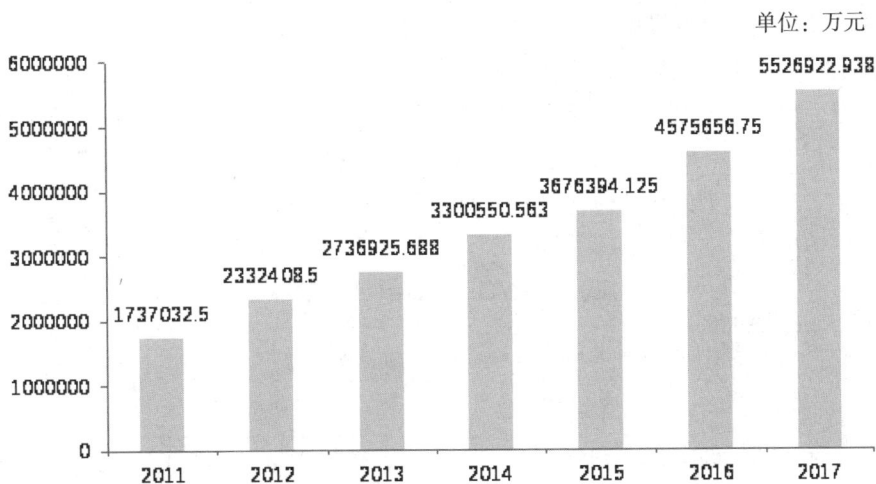

图 6.13　安徽省工业企业新产品销售收入（各市均值）

単位：万元

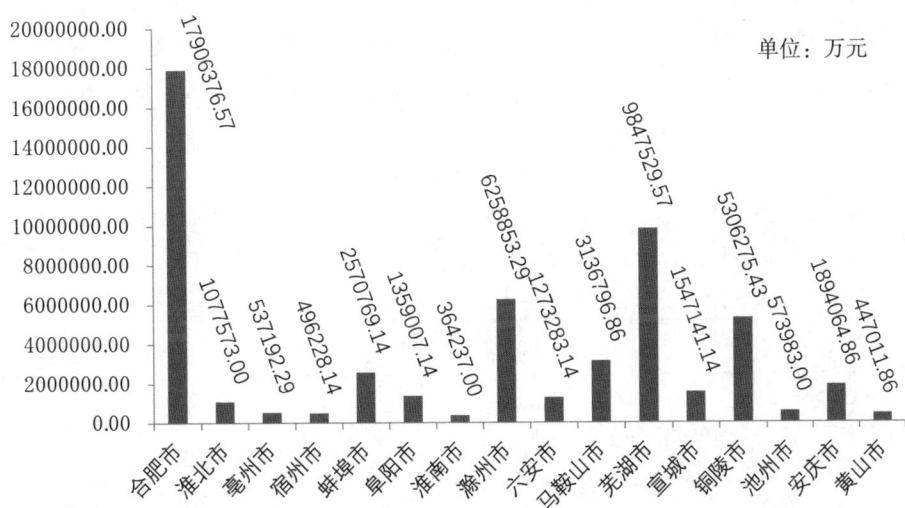

图 6.14　安徽省工业企业新产品销售收入（2011—2017 年度均值）

二、基于因子分析的安徽省各地区创新发展现状

（一）从 2017 年创新发展现状上看

从创新各个度量指标上看，相对于以前年度，2017 年创新取得了更多的成果，

但是，安徽省不同地级市却呈现出了显著的空间差异。将创新各个度量指标进行因子分析，可以进一步考察创新的发展现状。

进行因子分析之前需要检验指标的有效性，使用 KMO 统计量和 Bartlett 球形检验方法，检验结果如表 6.1 所示。KMO 值为 0.81>0.7，Bartlett 的球形度检验显著性通过 0.01 水平的显著性检验，说明创新各个度量指标可以做因子分析。

表6.1　KMO and Bartlett's Test

取样足够度的 Kaiser-Meyer-Olkin 度量		0.810
Bartlett 的球形度检验	近似卡方	286.804
	df	21
	Sig.	0.000

进一步分析指标对提取的公共因子的依赖程度，如表 6.2 所示，可见创新各度量指标对所提取的公共因子的依赖程度都达到了 0.9 以上，认为所提取的公共因子已经包含了 90% 以上的指标信息，由此认定所提取的公共因子效果较好。

表6.2　公因子方差

	初始	提取
NP	1.000	0.988
NRI	1.000	0.982
IE	1.000	0.995
FET	1.000	0.985
NPA	1.000	0.973
NPAU	1.000	0.989
NPI	1.000	0.932

提取方法：主成分分析。

通过方差贡献率分析，如表 6.3 所示，共有两个因子特征根大于 1，按照两个因子提取，前两个因子已经解释了原始指标变量的 97.772% 的信息（超过 80% 以上），认为提取两个公共因子比较合适。

表6.3　方差贡献率

成分	初始特征值			提取平方和载入			旋转平方和载入		
	合计	方差的%	累积%	合计	方差的%	累积%	合计	方差的%	累积%
1	6.716	95.941	95.941	6.716	95.941	95.941	4.028	57.545	57.545
2	0.128	1.831	97.772	0.128	1.831	97.772	2.816	40.227	97.772
3	0.090	1.287	99.059						
4	0.058	0.833	99.891						
5	0.005	0.067	99.959						
6	0.002	0.033	99.991						
7	0.001	0.009	100.000						

提取方法：主成分分析。

从图6.15可以看出，第二个因子之前的特征根超过6，而第二个因子之后的特征根普遍较小，由此认为提取两个因子作为公共因子比较合适。

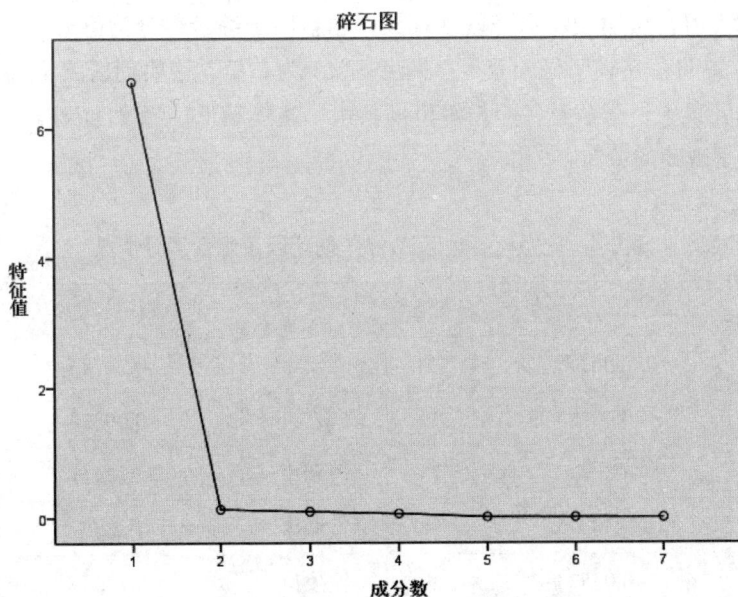

图 6.15　因子碎石图

通过对数据分析可以得到成分得分系数矩阵，采取回归法计算因子得分系数矩阵，得到因子得分函数：

F1=3.03683X1+0.13668X2−0.12189X3−0.26109X4−0.68282X5−0.65061X6+0.65228X7−1.57311X8+0.29226X9−0.41981X10+0.97116X11−0.61214X12−0.14179X13+0.10815X14−0.41962X15−0.31447X16

F2=1.74748X1−0.9316X2−0.72177X3−0.55921X4+0.84132X5+0.32242X6−1.45983X7+2.11138X8−0.94756X9+0.58055X10+0.34234X11+0.34072X12−0.22393X13−1.0269X14+0.0963X15−0.51169X16

根据成分得分函数可以得到各主成分的得分情况，利用得分求出因子的综合得分：

$$综合得分=\sum 各因子得分 \times \frac{各因子对应的方差贡献率}{\sum 各因子方差贡献率之和}$$

安徽省各地区 2017 年创新因子综合得分情况如表 6.4 所示。通过安徽省各地区创新因子综合得分的差异可以看出区域的差异。合肥市创新因子得分最高，其次为芜湖市，马鞍山市排名第三，黄山市创新因子得分位居安徽省最后。创新因子得分较高的城市基本上都是经济发展较好、工业较发达的城市，而工业基础薄弱、经济发展相对滞后的城市创新综合因子得分较低。从安徽省各地区 2017 年创新因子综合得分的描述性统计可以看出，如表 6.5 所示，最大值和最小值之间的离差达到 2.91，说明创新水平差距较大；创新因子综合得分均值为 0，标准差为 0.71811，说明存在较明显的差异；偏度 3.251 为右偏，说明创新因子得分较小的地级市比较集中，安徽省各个地级市创新水平整体偏低；峰度 11.211，说明创新因子得分呈现陡峭分布。

表6.4　安徽省各地区2017年创新因子综合得分情况

地级市	创新因子综合得分	排名	地级市	创新因子综合得分	排名
合肥市	2.506345	1	六安市	−0.21785	9
淮北市	−0.30285	12	马鞍山市	−0.00823	3
亳州市	−0.3687	14	芜湖市	0.712441	2
宿州市	−0.38375	15	宣城市	−0.2201	10
蚌埠市	−0.05573	4	铜陵市	−0.17559	6

续　表

地级市	创新因子综合得分	排名	地级市	创新因子综合得分	排名
阜阳市	−0.25027	11	池州市	−0.35885	13
淮南市	−0.21672	8	安庆市	−0.20735	7
滁州市	−0.05718	5	黄山市	−0.39561	16

表6.5　安徽省各地区2017年创新因子综合得分的描述性统计

统计量	N	极小值	极大值	均值	标准差	偏度	峰度
统计值	16	−0.40	2.51	0.0000	0.71811	3.251	11.211

（二）2011—2017年创新发展情况

对2011—2017年安徽省各地级市创新度量指标做因子分析，使用KMO统计量和Bartlett球形检验方法，检验结果如表6.6所示。KMO值全部大于0.7，Bartlett的球形度检验显著性通过0.01水平的显著性检验，说明创新各个度量指标可以做因子分析。

表6.6　KMO and Bartlett's Test

年度	统计量		统计值
2011	取样足够度的 Kaiser-Meyer-Olkin 度量		0.789
	Bartlett 的球形度检验	近似卡方	285.167
		df	21
		Sig.	0.000
2012	取样足够度的 Kaiser-Meyer-Olkin 度量		0.777
	Bartlett 的球形度检验	近似卡方	282.085
		df	21
		Sig.	0.000

年度	统计量		统计值
2013	取样足够度的 Kaiser-Meyer-Olkin 度量		0.831
	Bartlett 的球形度检验	近似卡方	256.108
		df	21
		Sig.	0.000
2014	取样足够度的 Kaiser-Meyer-Olkin 度量		0.813
	Bartlett 的球形度检验	近似卡方	273.597
		df	21
		Sig.	0.000
2015	取样足够度的 Kaiser-Meyer-Olkin 度量		0.813
	Bartlett 的球形度检验	近似卡方	261.685
		df	21
		Sig.	0.000
2016	取样足够度的 Kaiser-Meyer-Olkin 度量		0.807
	Bartlett 的球形度检验	近似卡方	264.497
		df	21
		Sig.	0.000
2017	取样足够度的 Kaiser-Meyer-Olkin 度量		0.810
	Bartlett 的球形度检验	近似卡方	286.804
		df	21
		Sig.	0.000

进一步分析指标对提取的公共因子的依赖程度，如表 6.7 所示，可见创新各度量指标对所提取的公共因子的依赖程度都达到了 0.9 以上，认为所提取的公共因子已经包含了 90% 以上的指标信息，由此认定所提取的公共因子效果较好。

表6.7 公因子方差

年度		NP	NRI	IE	FET	NPA	NPAU	NPI
2011	初始	1.000	1.000	1.000	1.000	1.000	1.000	1.000
	提取	0.992573	0.977776	0.984993	0.996063	0.995767	0.98918	0.952774
2012	初始	1.000	1.000	1.000	1.000	1.000	1.000	1.000
	提取	0.990053	0.972316	0.989095	0.994742	0.997394	0.994891	0.950863
2013	初始	1.000	1.000	1.000	1.000	1.000	1.000	1.000
	提取	0.988593	0.914774	0.989532	0.994321	0.989803	0.981457	0.946556
2014	初始	1.000	1.000	1.000	1.000	1.000	1.000	1.000
	提取	0.997354	0.93883	0.995752	0.996632	0.986063	0.974218	0.914313
2015	初始	1.000	1.000	1.000	1.000	1.000	1.000	1.000
	提取	0.993459	0.935856	0.995057	0.995356	0.985595	0.97842	0.933813
2016	初始	1.000	1.000	1.000	1.000	1.000	1.000	1.000
	提取	0.98991	0.924867	0.992257	0.995616	0.991962	0.986616	0.932386
2017	初始	1.000	1.000	1.000	1.000	1.000	1.000	1.000
	提取	0.98796	0.98246	0.994505	0.984957	0.97329	0.988929	0.931958

提取方法：主成分分析。

安徽省各地区 2011—2017 年创新因子综合得分情况如表 6.8 所示。安徽省各地区 2011—2017 年创新因子平均综合得分情况如表 6.9 所示，合肥市创新因子综合得分 2011—2017 年均值为 2.4114，位居安徽省第一，其次是芜湖市为 0.801992，第三是滁州市为 0.072049。创新因子综合得分 2011—2017 年均值为正数的地级市为合肥市、芜湖市、滁州市、蚌埠市、马鞍山市，其他地级市全部为负数。宿州市、池州市和亳州市创新因子综合得分 2011—2017 年均值位居安徽省最后三位。从区域划分上看，皖北地区、皖中地区和皖南地区区域创新因子综合得分均值分别为 -0.274372333、0.498352097 和 -0.057862333，皖中地区排名第一。安徽省各地区 2011—2017 年创新因子平均综合得分情况聚类分析如表 6.10 所示。按照 3 聚类做系统聚类分析，合肥市创新因子综合得分 2011—2017 年度均值 2.4114，为第 1 聚类，创新水平最高；芜湖市得分均值 0.802，为第 2 聚类，创新水平较高；其他全部为第3聚类，创新水平较低。因为第1聚类和第2聚类都是只有一个地级市，所以不存在聚类内部考察样本之间的差异，而第3聚类包括14个地级市，如表6.11所示，极小值为 –0.4297，极大值为0.0720，区域间极差为0.5017，均值为 –0.229529，偏度为0.639右偏，说明创新水平较低的地级市较多；峰度 –0.770<0，说明创新水平均值整体上呈现了低峰状态，数据比较分散，各地级市之间创新水平存在较明显的差距。

表6.8　安徽省各地区2011—2017年创新因子综合得分情况

地级市	2011	2012	2013	2014	2015	2016	2017
合肥市	2.458733	2.394904	2.33781	2.32066	2.41936	2.44216	2.50635
淮北市	–0.21034	–0.24490	–0.2910	–0.3456	–0.3700	–0.3465	–0.3029
亳州市	–0.40353	–0.43990	–0.4587	–0.4778	–0.4381	–0.4212	–0.3687
宿州市	–0.39014	–0.43027	–0.4465	–0.4230	–0.3911	–0.3761	–0.3838
蚌埠市	–0.04124	0.041765	0.07163	0.06909	0.07698	0.07387	–0.0557
阜阳市	–0.33424	–0.36532	–0.3770	–0.3509	–0.2944	–0.2739	–0.2503
淮南市	–0.19360	–0.19461	–0.1933	–0.2528	–0.2263	–0.2767	–0.2167
滁州市	–0.04659	0.111644	0.15116	0.15243	0.09634	0.0965	–0.0572
六安市	–0.29370	–0.32198	–0.3167	–0.3025	–0.3245	–0.2875	–0.2179
马鞍山市	–0.00516	0.017092	0.05505	0.0134	0.05001	0.06345	–0.0082
芜湖市	0.810542	0.879759	0.90370	0.91904	0.72696	0.66151	0.71244
宣城市	–0.20945	–0.20690	–0.2360	–0.1498	–0.1971	–0.1919	–0.2201
铜陵市	–0.12766	–0.13619	–0.1537	–0.1762	–0.1423	–0.1866	–0.1756
池州市	–0.41419	–0.43515	–0.4426	–0.4173	–0.4017	–0.4284	–0.3589
安庆市	–0.24224	–0.2775	–0.1838	–0.1350	–0.1753	–0.1447	–0.2074
黄山市	–0.35722	–0.3925	–0.4200	–0.4439	–0.4089	–0.4042	–0.3956

表6.9 安徽省各地区2011—2017年创新因子平均综合得分情况

区域划分	地级市	平均综合因子得分	排名	区域创新因子综合得分均值	区域排名
皖北	淮北市	−0.30159	11	−0.274372333	3
	亳州市	−0.4297	16		
	宿州市	−0.40585	14		
	蚌埠市	0.033766	4		
	阜阳市	−0.32087	12		
	淮南市	−0.22199	9		
皖中	合肥市	2.411424	1	0.498352097	1
	六安市	−0.29495	10		
	滁州市	0.072049	3		
	安庆市	−0.19512	7		
皖南	马鞍山市	0.026514	5	−0.057862333	2
	芜湖市	0.801992	2		
	宣城市	−0.2016	8		
	铜陵市	−0.15689	6		
	池州市	−0.41403	15		
	黄山市	−0.40316	13		

表6.10 安徽省各地区2011—2017年创新因子平均综合得分情况聚类分析

地级市	创新因子综合得分 2011—2017 年度均值	聚类	地级市	创新因子综合得分 2011—2017 年度均值	聚类
合肥市	2.4114	1	淮南市	−0.222	3
芜湖市	0.802	2	六安市	−0.2949	3
滁州市	0.072	3	淮北市	−0.3016	3
蚌埠市	0.0338	3	阜阳市	−0.3209	3
马鞍山市	0.0265	3	黄山市	−0.4032	3

地级市	创新因子综合得分 2011—2017 年度均值	聚类	地级市	创新因子综合得分 2011—2017 年度均值	聚类
铜陵市	−0.1569	3	宿州市	−0.4058	3
安庆市	−0.1951	3	池州市	−0.414	3
宣城市	−0.2016	3	亳州市	−0.4297	3

表6.11　3聚类的描述性统计

	N	极小值	极大值	均值	标准差	方差	偏度	峰度
第 1 聚类	1	2.4114	2.4114	2.4114				
第 2 聚类	1	0.802	0.802	0.802				
第 3 聚类	14	−0.4297	0.0720	−0.229529	0.1723719	0.030	0.639	−0.770

第二节　安徽省产业发展状况

一、安徽省三大产业发展状况

按照传统对产业的划分标准，将产业分为第一产业、第二产业和第三产业。我国三大产业自改革开放以来发生了较大的变化。从整体上说，我国第一产业比重是随着时间而逐渐降低的，第二产业和第三产业则持续增加。我国产业结构整体表现越来越合理。安徽省第一产业受到技术和现代化水平的影响发展相对缓慢；第二产业扩张迅速，但还存在生产结构不合理、增长质量不高等问题；第三产业整体水平不高，并且主要以传统服务业为主。产业结构也呈现出第一产业比重下降，第二产业和第三产业比重上升的趋势。

首先看第一产业，如图 6.16 所示。2011 年安徽省各地级市第一产业产值（各市均值）为 124.591 亿元，2017 年达到 161.141 亿元，增加了 1.29 倍，2011 年到 2017 年安徽省各地级市第一产业均值稳定上升。从安徽省各地级市第一产业产值分布情况看，如图 6.17 所示，2011—2017 年第一产业产值均值阜阳市排名第一，为 275.831 亿元，其次为宿州市，达到 250.371 亿元，铜陵市最少，为 27.609 亿元。

单位：亿元

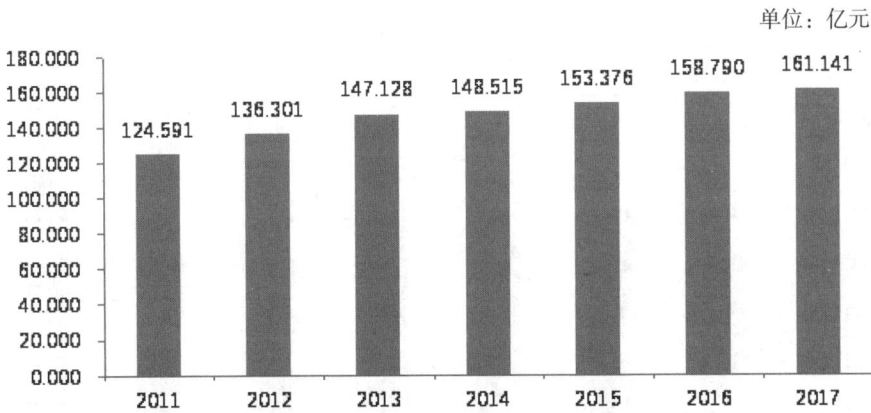

图 6.16　第一产业产值（各市均值）

单位：亿元

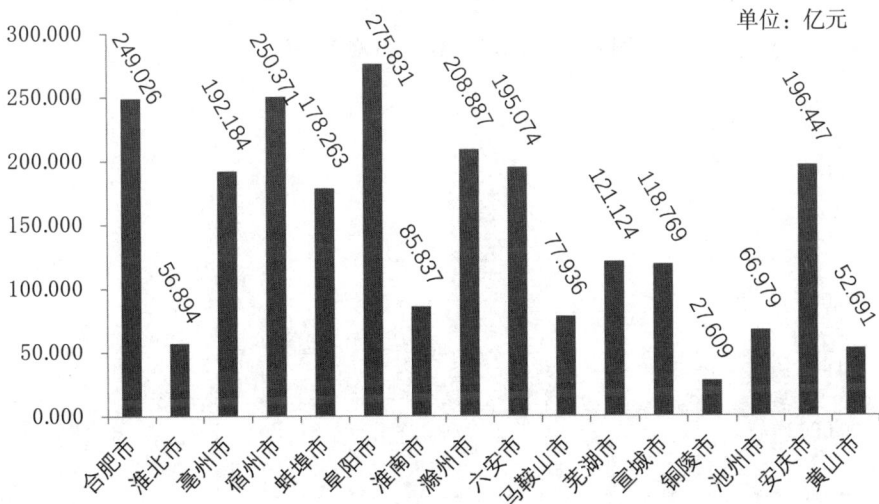

图 6.17　第一产业产值（2011—2017 年均值）

　　其次看第二产业，如图 6.18 所示。安徽省第二产业各地级市均值 2011 年为 539.458 亿元，2017 年达到了 827.032 亿元，除了 2015 年较 2014 年有轻微降低以外，其他各年度都呈现出稳定的增长趋势。从空间分布上看，如图 6.19 所示，安徽省第二产业产值（2011—2017 年均值）合肥市排名第一，达到了 2763.281 亿元，其次是芜湖市为 1389.453 亿元，马鞍山市排名第三，达到了 832.241 亿元，黄山市第二产业产值全省最低，为 209.170 亿元。全省第二产业产值较大的地区基本上都是工业相对较发达的地区。

单位：亿元

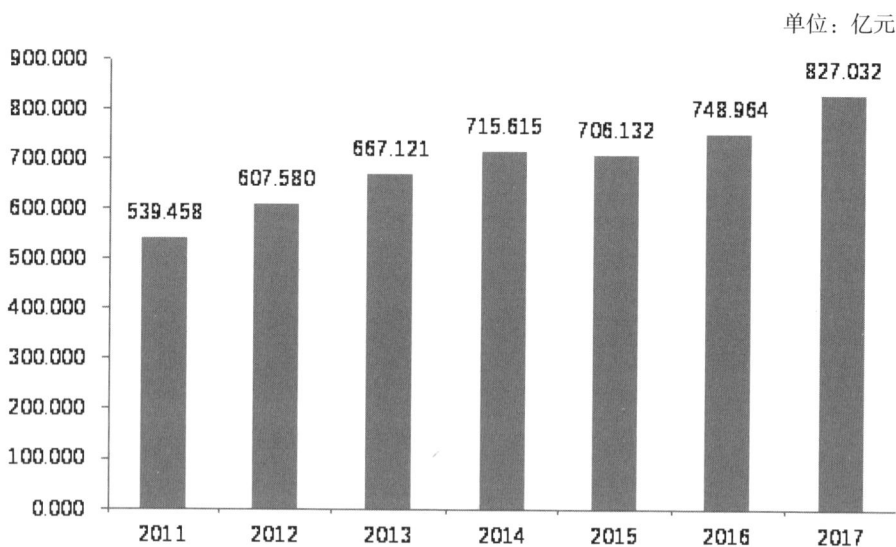

图 6.18　第二产业产值（各市均值）

单位：亿元

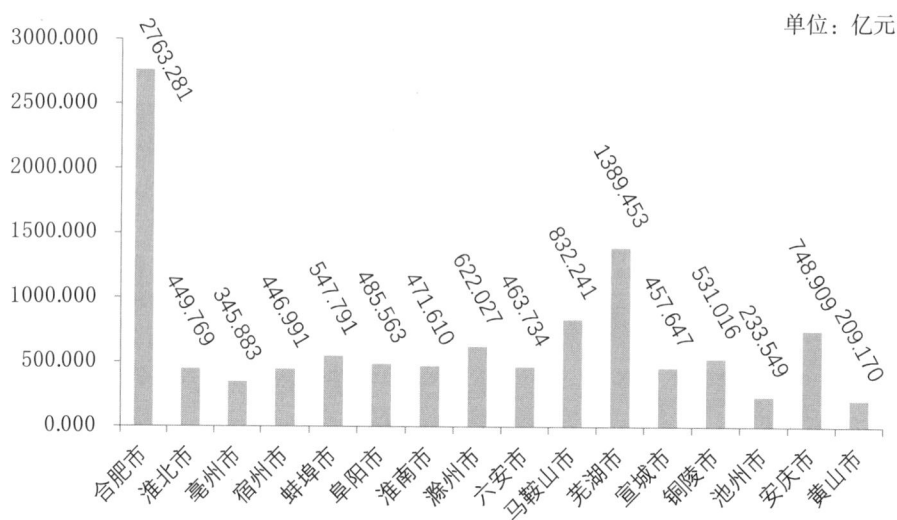

图 6.19　第二产业产值（2011—2017 年均值）

　　最后看第三产业，如图 6.20 所示。安徽省第三产业产值（各市均值）2011 年为 314.422 亿元，2017 年达到了 725.778 亿元，呈现出了连续的增长趋势，说明安徽省第三产业整体发展趋势良好。但是，各地级市第三产业产值表现出了明显的空间差异性。如图 6.21 所示，安徽省第三产业产值（2011—2017 年均值）合肥市为 2215.137 亿元，位居全省第一，芜湖市为 783.846 亿元，位居全省第二，其次为安庆市 511.136 亿元，第三为马鞍山市 457.469 亿元，池州市位居全省最后，

为 203.399 亿元。合肥市第三产业产值（2011—2017 年均值）是池州市的 10 倍
以上。

单位：亿元

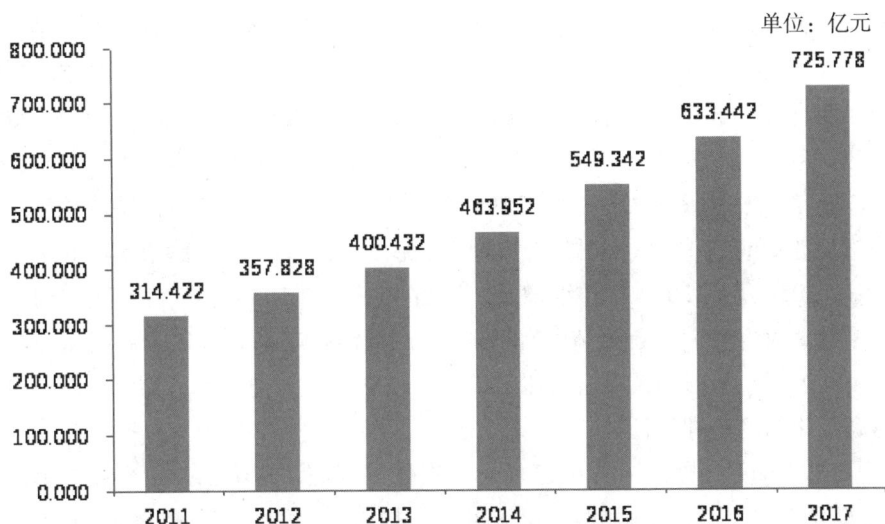

图 6.20　第三产业产值（各市均值）

单位：亿元

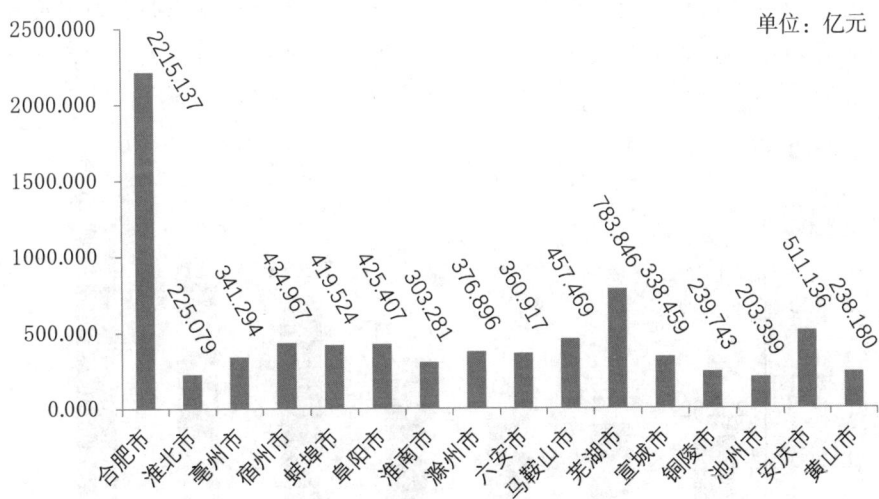

图 6.21　第三产业产值（2011—2017 年均值）

二、产业结构优化升级状况

安徽省三大产业在近几十年得到了一定程度的发展，三大产业的产值总额保持了增长的趋势，但是产业的发展不仅体现在总量的增长上，还有产业结构调整的过程。按照目前研究人员形成的统一标准认为产业结构要得到"三二一"的大致结构分配，特别是第三产业具有资源消耗相对较低、环境污染较少、就业弹性较高等特点，第三产业相对稳定，有利于提高经济增长的质量。本研究按照三产业比重法度量安徽省三大产业结构比重情况，对三大产业结构优化升级进行分析。如图 6.22 所示，安徽省产业结构优化升级系数（各市均值）2011 年为 2.1658，2011 年到 2017 年连续增长，2017 年达到 2.3053，IU 为产业结构优化升级系数，$IU \in [1,3]$，随着 IU 值的增大，产业结构越来越趋向于高级化和服务型。由此说明，从时间维度上可以看出，安徽省产业结构（各市均值）表现出越来越高级化的趋势和特征。

从空间角度上看，如图 6.23 所示，安徽省产业结构优化升级系数（2011—2017 年均值）合肥市达到了 2.3690，位居全省第一，其次为黄山市达到 2.3630，芜湖市位居全省第三，为 2.2780，阜阳市位居全省最后，为 2.1164。由此可见，安徽省各地级市产业结构优化升级情况表现出了较明显的空间差异性，合肥市、黄山市、芜湖市和池州市等较大城市和旅游城市服务业发展相对较好，产业结构也相对较理想，而宿州市、阜阳市和滁州市等人口大市产业结构则相对较差。

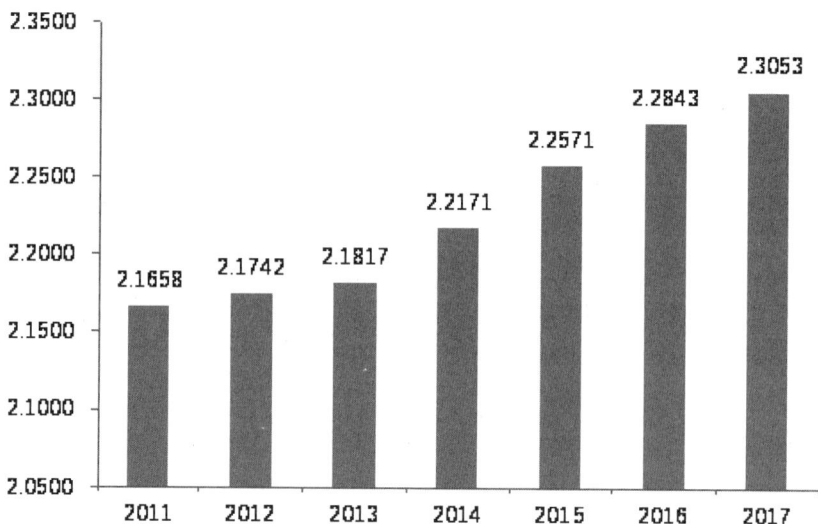

图 6.22　产业结构优化升级系数（各市均值）

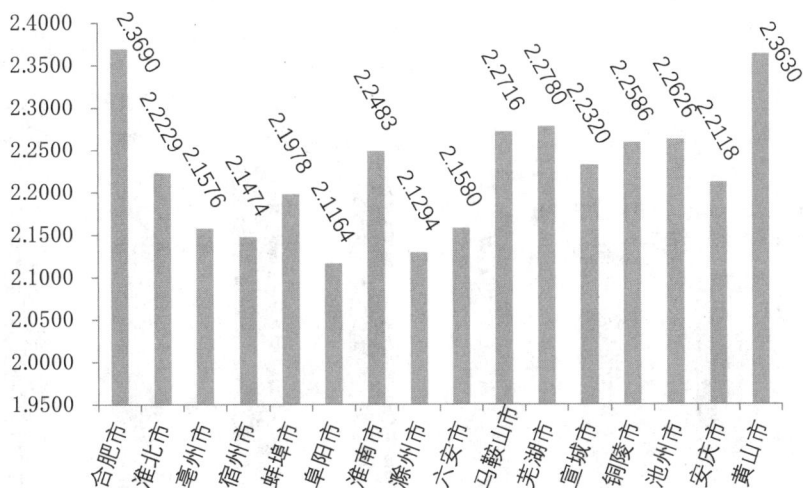

图 6.23　产业结构优化升级系数（2011—2017 年均值）

第三节　安徽省区域经济发展状况

一、区域经济各指标发展状况

改革开放以后，我国各地区的区域经济取得了快速的发展，尤其是东部沿海地区，区域经济得到了优先发展，然后从东部、中部到西部形成了区域经济发展的梯度推进。安徽省位于长江三角洲经济区的辐射地带，在长三角经济带动下，安徽省区域经济整体水平取得了较大的提高，人民的收入水平和购买力等方面也有了显著的提升。本研究从地方国内生产总值、财政收入、社会消费品零售总额和进出口总额四个方面分析安徽省区域经济发展的基本情况。

首先，从地方国内生产总值上看。如图 6.24 所示，安徽省地方国内生产总值（各地区均值）2011 年为 978.471875 亿元，2017 年达到了 1713.9506 亿元，增长了 1.75 倍，2011—2017 年间安徽省地方国内生产总值各地区均值呈现出稳定的增长趋势。如图 6.25 所示，安徽省地方国内生产总值（2011—2017 年度均值）合肥市位居第一，达到了 5229.03 亿元，其次是芜湖市为 2294.64 亿元，安庆市位居第三，达到了 1456.49 亿元，黄山市最低，为 500.12 亿元。由此可见，合肥市、芜湖市、安庆市和马鞍山市等经济发展相对较好的地区地方国内生产总值相对较高，池州市和黄山市等经济发展相对较慢的地区地方国内生产总值则相对较低。

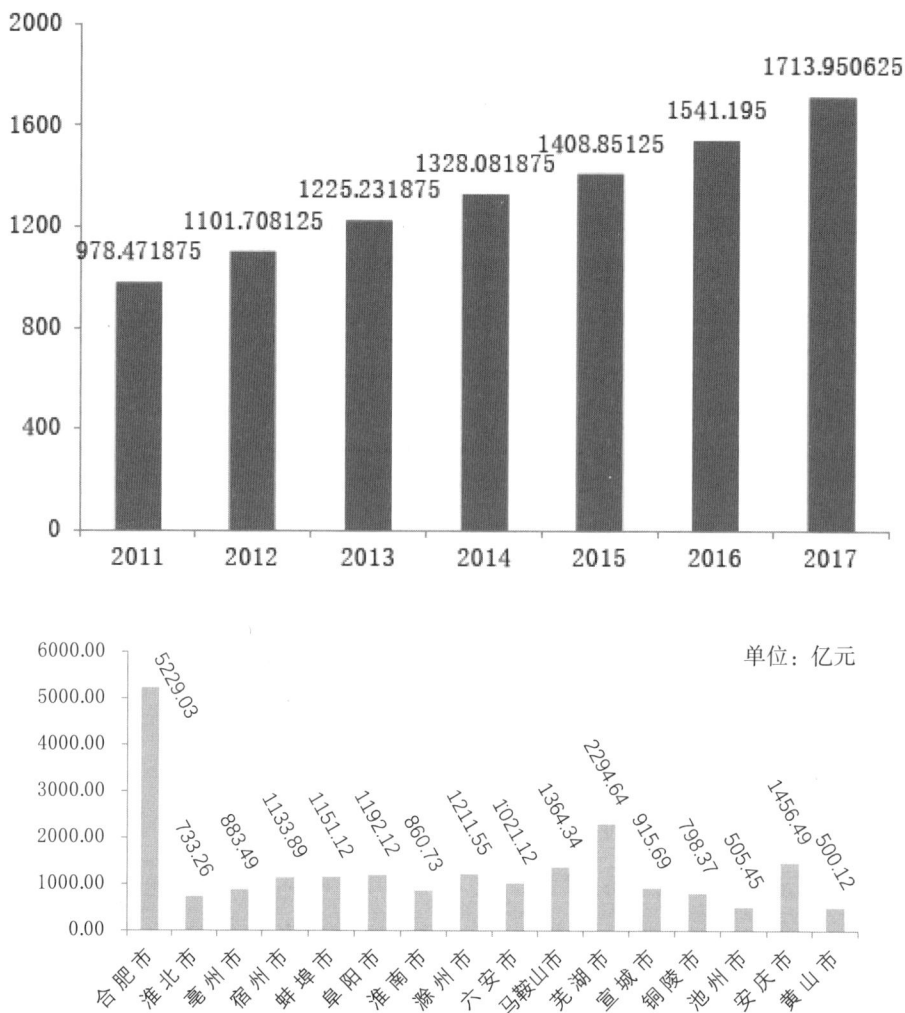

图 6.25　地方国内生产总值（2011—2017 年度均值）

其次，从地方财政收入上看。地方财政收入主要来自于各项税收、专项收入和基本建设收入、捐赠收入等方面，一般地方经济发展越好，往往各项税收、专项收入和基本建设收入等就会越高。因此，地方财政收入也是衡量地方经济发展的重要指标。如图 6.26 所示，安徽省地方财政收入（各地区均值）2011 年为 795432.5 亿元，2012 年为 1004040.375 亿元，2017 年则达到了 1713950.625 亿元，地方财政收入各地区均值呈现出稳定的增长趋势。安徽省地方财政收入（2011—2017 年度均值），如图 6.27 所示，合肥市位居第一，达到了 4077240.864 亿元，其次是芜湖市为 1898420.466 亿元，马鞍山市位居第三，达到了 1082561.156 亿元，排在安徽省各地级市中最后三位的分别为黄山市 538064.3314 亿元、池州市 528226.3357 亿元、淮北市 447029.0014 亿元。合肥市财政收入大约相当于淮北市财政收入的 10 倍。

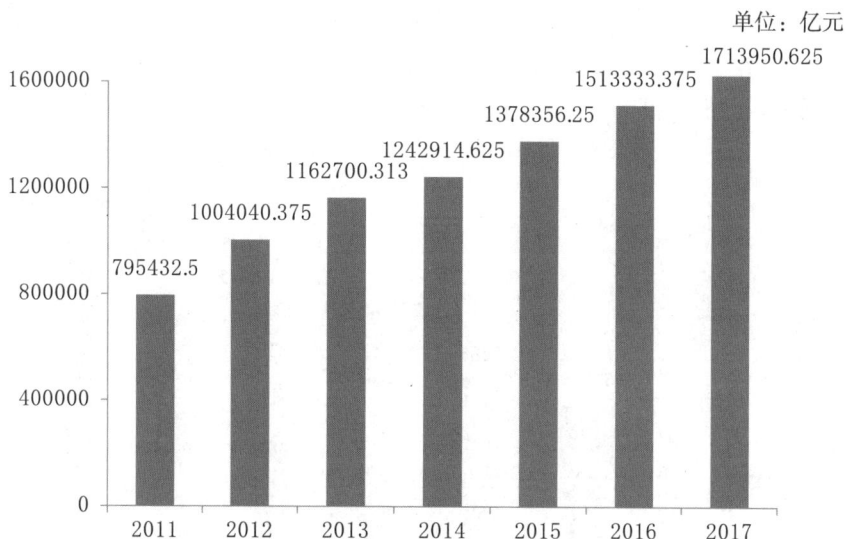

图 6.26　地方财政收入（各地区均值）

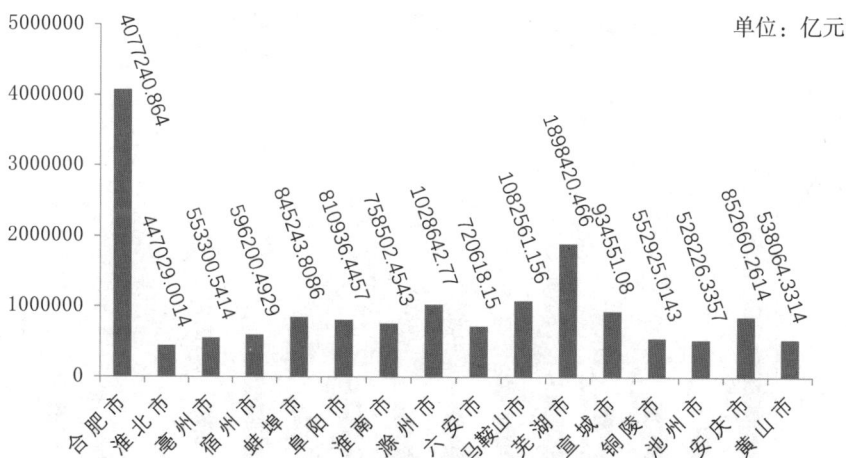

图 6.27　地方财政收入（2011—2017 年度均值）

　　还有，从社会消费品零售总额上看，社会消费品零售情况反映了地区居民在衣食住行等方面的消费情况，这既反映了人们对物质文化生活的需求，也是地方经济发展的体现。如图 6.28 所示，安徽省社会消费品零售总额（各地区均值）2011 年为 3068962.312 万元，2017 年达到了 6995390.938 万元，呈现出逐年增加的趋势。社会消费品零售总额（2011—2017 年度均值）如图 6.29 所示，合肥市为全省最高，达到 18847326.43 万元，其次是芜湖市为 6595503.429 万元，阜阳市位居第三，达到 6034214.857 万元，排在全省最后三位的分别为黄山市 2447154.714 万元，铜陵市 2172890.857 万元，池州市 1741443.286 万元。由此可见，安徽省社会消费品零售总额较高的主要集中在经济发展相对较好的地级市和人口较多的地级市，而社会消费品零售总额较低的地级市主要集中在人口相对较少、经济发展相对缓慢的地区。

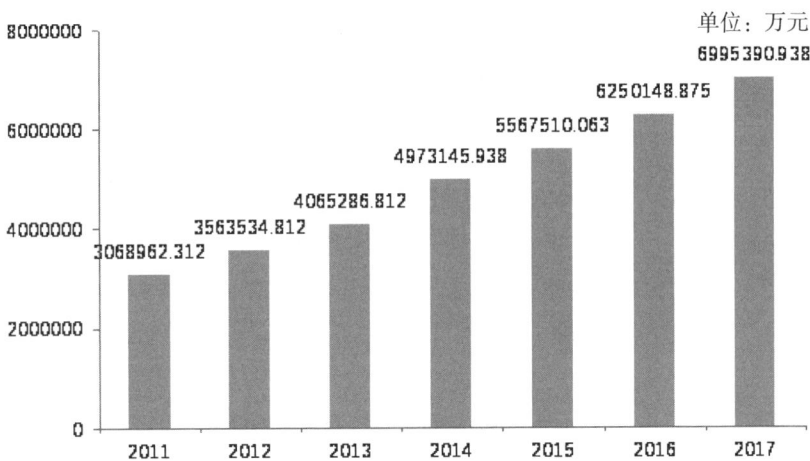

图 6.28　社会消费品零售总额（各地区均值）

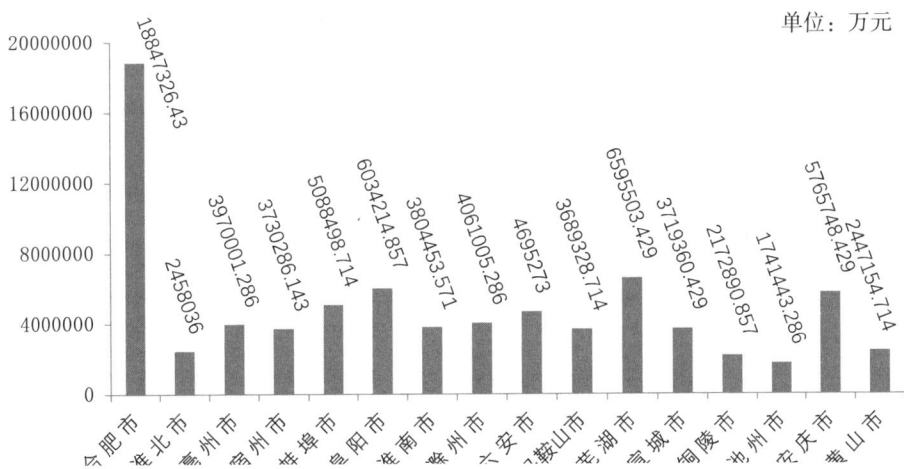

图 6.29　社会消费品零售总额（2011—2017 年度均值）

最后，从进出口情况上看。早在 1937 年英国经济学家罗伯特逊就曾经提出，对外贸易是一个国家和地区经济增长的发动机，对外贸易有利于在地区经济发展中优化资源配置、补充区域生产空缺、引进先进的技术和管理经验、促进产品消费和投资，从而有效促进区域经济发展。因此，对外贸易发展情况是区域经济发展的重要表现。如图 6.30 所示，安徽省进出口总额（各地区均值）2011 年为 195861.375 万美元，2012 年增加到了 245782.9375 万美元，2017 年达到了 335225.5 万美元，2011—2017 年间除了 2015 年和 2016 年有小幅度的降低，其他年度基本保持了增长趋势。如图 6.31 所示，进出口总额（2011—2017 年度均值）合肥市位居全省第一，达到 1897985 万美元，远远高于其他地级市，其次是芜湖市和铜陵市，分别为 562486.8571 万美元和 479041.2857 万美元，安徽省进出口相对较差的地级市是池州市、亳州市、淮南市，其进出口总额分别为 47590.57143 万美元、47269.42857 万美元、34946.28571 万美元。进出口总额较高的地级市主要是经济发展相对较好、开放程度相对较高的地级市，而产业基础较差、开放程度相对较低的地级市进出口总额则相对较小。

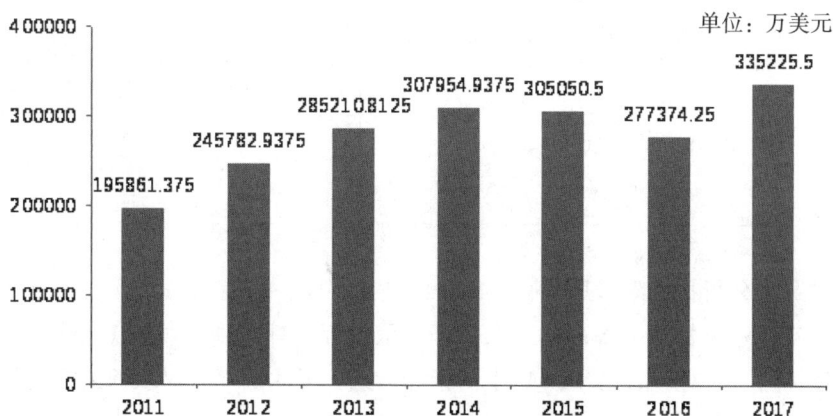

图 6.30　进出口总额（各地区均值）

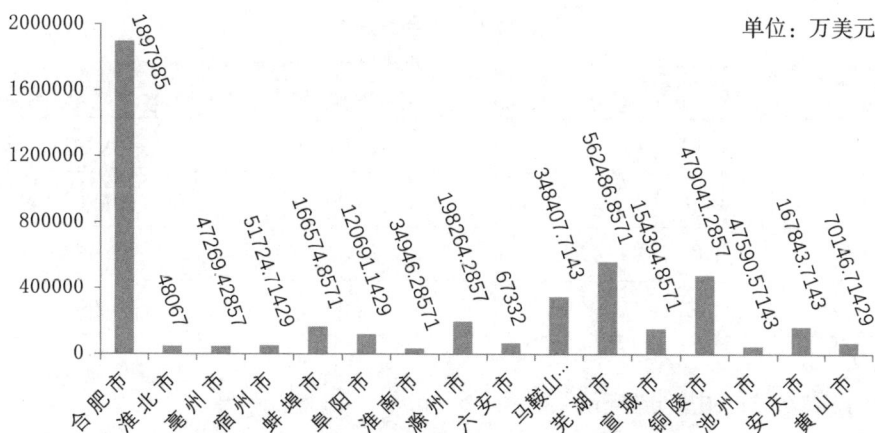

图 6.31　进出口总额（2011—2017 年度均值）

二、基于因子分析的区域经济发展状况

（一）从 2017 年区域经济发展现状上看

从区域经济发展各个度量指标上看，相对于以前年度，2017 年区域经济取得了更大程度的发展。将区域经济发展各个度量指标进行因子分析，可以进一步考察区域经济发展现状。使用 KMO 统计量和 Bartlett 球形检验方法，检验结果如表6.12 所示。KMO 值为 0.824>0.7，Bartlett 的球形度检验显著性通过 0.01 水平的显著性检验，说明创新各个度量指标可以做因子分析。

表6.12　KMO and Bartlett's Test

取样足够度的 Kaiser-Meyer-Olkin 度量		0.824
Bartlett 的球形度检验	近似卡方	120.643
	df	6
	Sig.	0.000

进一步分析指标对提取的公共因子的依赖程度，如表 6.13 所示，可见区域经济发展各度量指标对所提取的公共因子的依赖程度都达到了 0.9 以上，认为所提取的公共因子已经包含了 90% 以上的指标信息，因此认定所提取的公共因子效果较好。

表6.13　公因子方差

	初始	提取
GDP	1.000	0.993
LFR	1.000	0.982
TSC	1.000	0.987
TIE	1.000	0.998

提取方法：主成分分析。

通过方差贡献率分析，如表 6.14 所示，共有两个因子特征根大于 1，按照两

个因子提取，前两个因子已经解释了原始指标变量的 99.01% 的信息（超过 80% 以上），认为提取两个公共因子比较合适。

表6.14　方差贡献率

成分	初始特征值			提取平方和载入			旋转平方和载入		
	合计	方差的%	累积%	合计	方差的%	累积%	合计	方差的%	累积%
1	3.882	97.056	97.056	3.882	97.056	97.056	2.190	54.758	54.758
2	0.078	1.954	99.010	0.078	1.954	99.010	1.770	44.253	99.010
3	0.031	0.768	99.778						
4	0.009	0.222	100.000						

提取方法：主成分分析。

从图 6.32 可以看出，第二个因子之前的特征根超过 3，而第二个因子之后的特征根普遍较小（小于 1），因此提取两个因子作为公共因子比较合适。

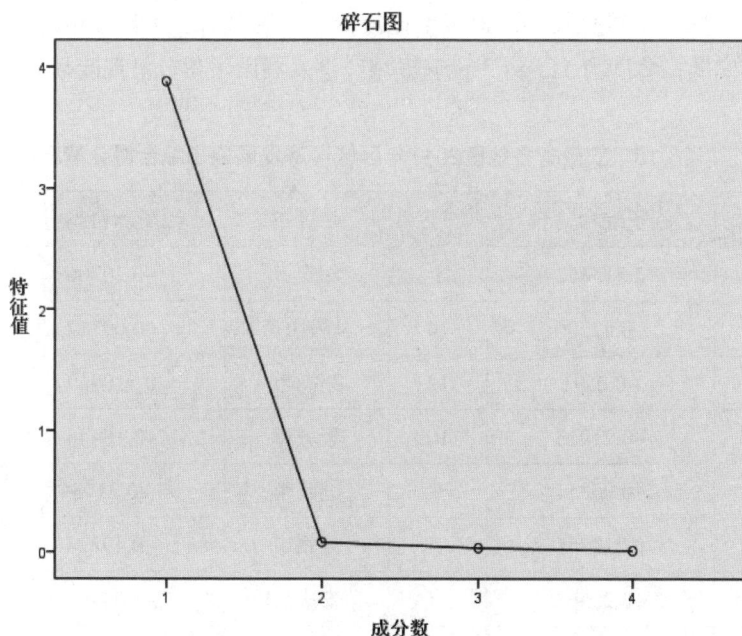

图 6.32　因子碎石图

通过对数据分析可以得到成分得分系数矩阵，采取回归法计算因子得分系数矩阵，得到因子得分函数：

F1=2.43223X1−0.71778X2−0.02185X3+0.06905X4+0.40854X5+1.00332X6+0.14809X7−0.07786X8+0.18394X9−0.65547X10+0.69985X11−0.10616X12−2.06182X13−1.0925X14+0.57636X15−0.78795X16

F2=2.61843X1−0.05614X2−0.55266X3−0.57571X4−0.62525X5−1.1982X6−0.75519X7+0.00305X8−0.69088X9+0.59366X10+0.27725X11−0.28131X12+1.84022X13+0.23933X14−0.82296X15−0.01364X16

根据成分得分函数可以得到各主成分的得分情况，利用得分求出因子的综合得分。安徽省各地区2017年区域经济发展因子综合得分情况如表6.15所示。通过安徽省各地区区域经济发展因子综合得分的差异可以看出区域的差异。合肥市区域经济发展因子综合得分最高，为2.515，其次是芜湖市为0.511，阜阳市为0.019，排名第三，淮北市、黄山市和池州市区域经济发展因子得分位居安徽省最后三位。从安徽省各地区2017年区域经济发展因子综合得分的描述性统计可以看出，如表6.16所示，极小值为−0.49724，极大值为2.515452，极大值和极小值之间的离差达到3.013，说明区域经济发展水平差距较大；区域经济发展因子综合得分均值为0，标准差为0.711，说明存在较明显的差异；偏度3.321为右偏，说明区域经济发展因子得分较小的地级市比较集中，安徽省各个地级市区域经济发展水平整体偏低；峰度为11.981，说明区域经济发展因子得分呈现陡峭分布。

表6.15　安徽省各地区2017年区域经济发展因子综合得分情况

地级市	因子综合得分	排名	地级市	因子综合得分	排名
合肥市	2.515452	1	六安市	−0.20706	9
淮北市	−0.42206	14	马鞍山市	−0.09717	7
亳州市	−0.2591	12	芜湖市	0.510969	2
宿州市	−0.21913	10	宣城市	−0.18444	8
蚌埠市	−0.05351	6	铜陵市	−0.3178	13
阜阳市	0.019351	3	池州市	−0.49724	16
淮南市	−0.25563	11	安庆市	−0.04907	5
滁州市	−0.0417	4	黄山市	−0.44187	15

表6.16　安徽省各地区2017年区域经济发展因子综合得分的描述性统计

	N	极小值	极大值	均值	标准差	偏度	峰度
因子得分	16	−0.49724	2.515452	0.0000	0.711076	3.321152	11.98128

（二）2011—2017年区域经济发展情况

对2011—2017年安徽省各地级市区域经济发展度量指标做因子分析，使用KMO统计量和Bartlett球形检验方法，检验结果如表6.17所示。KMO值全部大于0.7，Bartlett的球形度检验显著性通过0.01水平的显著性检验，说明区域经济发展各个度量指标可以做因子分析。

表6.17　KMO and Bartlett's Test

年度	统计量		统计值
2011	取样足够度的 Kaiser-Meyer-Olkin 度量		0.788
	Bartlett 的球形度检验	近似卡方	104.273
		df	6
		Sig.	0.000
2012	取样足够度的 Kaiser-Meyer-Olkin 度量		0.786
	Bartlett 的球形度检验	近似卡方	110.855
		df	6
		Sig.	0.000
2013	取样足够度的 Kaiser-Meyer-Olkin 度量		0.769
	Bartlett 的球形度检验	近似卡方	106.03
		df	6
		Sig.	0.000
2014	取样足够度的 Kaiser-Meyer-Olkin 度量		0.835
	Bartlett 的球形度检验	近似卡方	116.838
		df	6
		Sig.	0.000

年度	统计量		统计值
2015	取样足够度的 Kaiser-Meyer-Olkin 度量		0.831
	Bartlett 的球形度检验	近似卡方	125.043
		df	6
		Sig.	0.000
2016	取样足够度的 Kaiser-Meyer-Olkin 度量		0.811
	Bartlett 的球形度检验	近似卡方	123.066
		df	6
		Sig.	0.000
2017	取样足够度的 Kaiser-Meyer-Olkin 度量		0.824
	Bartlett 的球形度检验	近似卡方	120.643
		df	6
		Sig.	0.000

进一步分析指标对提取的公共因子的依赖程度，如表 6.18 所示，可见区域经济发展各度量指标对所提取的公共因子的依赖程度都达到了 0.9 以上，认为所提取的公共因子已经包含了 90% 以上的指标信息，因此认定所提取的公共因子效果较好。

表6.18 公因子方差

年度		GDP	LFR	TSC	TIE
2011	初始	1.000	1.000	1.000	1.000
	提取	0.989341	0.980795	0.991348	0.994765
2012	初始	1.000	1.000	1.000	1.000
	提取	0.990044	0.983011	0.995616	0.985461
2013	初始	1.000	1.000	1.000	1.000
	提取	0.993014	0.967831	0.988968	0.989468

年度		GDP	LFR	TSC	TIE
2014	初始	1.000	1.000	1.000	1.000
	提取	0.990928	0.983272	0.99115	0.994751
2015	初始	1.000	1.000	1.000	1.000
	提取	0.993322	0.982884	0.994164	0.994162
2016	初始	1.000	1.000	1.000	1.000
	提取	0.994195	0.981815	0.990731	0.995778
2017	初始	1.000	1.000	1.000	1.000
	提取	0.993237	0.981704	0.98737	0.998093

提取方法：主成分分析。

安徽省各地区 2011—2017 年区域经济发展因子综合得分情况如表 6.19 所示，安徽省各地区 2011—2017 年区域经济发展因子平均综合得分情况如表 6.20 所示。从各个地级市上看，合肥市区域经济发展因子综合得分 2011—2017 年均值为 2.5034，位居安徽省第一，其次是芜湖市为 0.5222，第三是安庆市为 0.006384，区域经济发展因子综合得分 2011—2017 年均值为正数的地级市为合肥市、芜湖市、安庆市，其他地级市全部为负数，淮北市、黄山市和池州市区域经济发展因子综合得分 2011—2017 年均值位居安徽省最后三位。

从区域划分上看，皖北地区、皖中地区和皖南地区区域经济发展因子综合得分均值分别为 −0.22878、0.5603、−0.1448，皖中地区排名第一，皖南地区第二，皖北地区第三。安徽省各地区 2011—2017 年区域经济发展因子平均综合得分情况聚类分析如表 6.21 所示。按照 3 聚类做系统聚类分析，合肥市区域经济发展因子综合得分 2011—2017 年度均值 2.503414，为第 1 聚类，区域经济发展水平最高；芜湖市得分均值 0.522204，为第 3 聚类，区域经济发展水平较高；其他全部为第 2 聚类，区域经济发展水平较低。因为第 1 聚类和第 3 聚类都是只有一个地级市，所以不存在聚类内部考察样本之间的差异，而第 2 聚类包括 14 个地级市，如表 6.22 所示，极小值为 −0.4812，极大值为 0.00638，区域间极差为 0.4876，均值为 −0.2161，偏度 −0.2402 左偏，说明区域经济发展水平较高的地级市较多；峰度 −0.9961<0，说明区域经济发展水平均值整体上呈现了低峰状态，数据比较分散，各地级市之间区域经济发展水平存在较明显的差距。

表6.19　安徽省各地区2011—2017年区域经济发展因子综合得分情况

地级市	2011	2012	2013	2014	2015	2016	2017
合肥市	2.4931	2.50561	2.48869	2.5053	2.5072	2.5085	2.5155
淮北市	−0.4303	−0.4060	−0.4400	−0.4096	−0.4035	−0.4215	−0.4221
亳州市	−0.3122	−0.3240	−0.2960	−0.2894	−0.2863	−0.2732	−0.2591
宿州市	−0.2910	−0.2953	−0.2766	−0.2364	−0.232	−0.2263	−0.2191
蚌埠市	−0.1347	−0.1470	−0.1038	−0.0829	−0.0677	−0.0630	−0.0535
阜阳市	−0.0752	−0.1238	−0.0636	−0.0436	−0.0514	−0.0265	0.01935
淮南市	−0.2395	−0.2213	−0.2421	−0.3203	−0.2947	−0.2681	−0.2556
滁州市	−0.1299	−0.1095	−0.1030	−0.0914	−0.0820	−0.0552	−0.0417
六安市	−0.1311	−0.1821	−0.1532	−0.1457	−0.2202	−0.2273	−0.2071
马鞍山市	0.0934	0.10356	0.02042	−0.0721	−0.0762	−0.0795	−0.0972
芜湖市	0.51169	0.51126	0.53915	0.51843	0.53628	0.52766	0.51097
宣城市	−0.2177	−0.1991	−0.1891	−0.1781	−0.1699	−0.1832	−0.1844
铜陵市	−0.2651	−0.2350	−0.2723	−0.3054	−0.2394	−0.2716	−0.3178
池州市	−0.5044	−0.4682	−0.4965	−0.4698	−0.4567	−0.4761	−0.4972
安庆市	0.0774	0.0066	0.0471	0.03935	−0.0430	−0.0337	−0.0491
黄山市	−0.4448	−0.4158	−0.4593	−0.4186	−0.4204	−0.4308	−0.4419

表6.20　安徽省各地区2011—2017年区域经济发展因子平均综合得分情况

区域	地级市	2011—2017 年年度均值	排名	区域均值	区域排名
皖北	淮北市	−0.41901	14	−0.22878	3
	亳州市	−0.29145	13		
	宿州市	−0.25383	10		
	蚌埠市	−0.09324	7		
	阜阳市	−0.05208	5		
	淮南市	−0.2631	11		

区域	地级市	2011—2017年年度均值	排名	区域均值	区域排名
皖中	合肥市	2.503414	1	0.5603	1
	六安市	−0.18094	8		
	滁州市	−0.08752	6		
	安庆市	0.006384	3		
皖南	马鞍山市	−0.01538	4	−0.1448	2
	芜湖市	0.522204	2		
	宣城市	−0.18878	9		
	铜陵市	−0.27237	12		
	池州市	−0.48124	16		
	黄山市	−0.43307	15		

表6.21　安徽省各地区2011—2017年区域经济发展因子平均综合得分情况聚类分析

地级市	区域经济发展因子综合得分 2011—2017 年度均值	聚类	地级市	区域经济发展因子综合得分 2011—2017 年度均值	聚类
合肥市	2.503414	1	六安市	−0.18094	2
淮北市	−0.41901	2	马鞍山市	−0.01538	2
亳州市	−0.29145	2	芜湖市	0.522204	3
宿州市	−0.25383	2	宣城市	−0.18878	2
蚌埠市	−0.09324	2	铜陵市	−0.27237	2
阜阳市	−0.05208	2	池州市	−0.48124	2
淮南市	−0.2631	2	安庆市	0.006384	2
滁州市	−0.08752	2	黄山市	−0.43307	2

表6.22　三聚类的描述性统计

	N	极小值	极大值	均值	标准差	方差	偏度	峰度
第1聚类	1	2.5034	2.5034	2.5034				

	N	极小值	极大值	均值	标准差	方差	偏度	峰度
第 2 聚类	14	−0.4812	0.00638	−0.2161	0.1572	0.0247	−0.2402	−0.9961
第 3 聚类	1	0.5222	0.5222	0.5222				

第四节　本章小结

本章以《安徽省统计年鉴》（2012—2018）为主要数据来源，从研究与试验发展（R&D）人员数、研究与试验发展（R&D）研究机构数、研究与试验发展（R&D）内部经费支出、研究与试验发展（R&D）人员折合全时当量合计、专利申请数、专利授权数、工业企业新产品销售收入七个方面度量安徽省创新发展情况，以第一产业产值 / 地方国内生产总值、第二产业产值 / 地方国内生产总值、第三产业产值 / 地方国内生产总值三个方面度量安徽省产业结构优化升级情况，以国内生产总值、地方财政收入、社会消费品零售总额、进出口总额四个方面度量了安徽省区域经济发展情况，每一个指标从时间和空间两个维度分析各指标发展情况和空间差异。认为安徽省创新投入持续增加，创新发展取得了一定的成果；安徽省第一产业发展相对缓慢，第二产业扩张迅速，第三产业整体水平上升，产业结构也表现出第一产业比重下降，第二产业和第三产业比重上升的趋势，产业结构日益完善；安徽省区域经济总量稳定上升，区域经济发展成果显著。通过因子分析法对安徽省各地区创新发展和区域经济发展情况进行了分析，既考察了时间维度上（2011—2017 年）的变化情况，也考察了空间维度上的差异。

第七章 安徽省各地区创新效率分析

对创新效率的分析目前主要以 DEA 数据包络分析为主要研究方法，该方法是最先由 A Charnes 等（1978）提出的用于测量决策单元投入有效性问题的研究方法。Per Anersen（1993）在传统 DEA 模型的基础上提出了超效率模型，超效率 DEA 模型与传统的 DEA 模型相比可以考查多个 DMU 效率有效的不同决策单元之间的差异。本研究各指标数据来源于安徽省统计年鉴（2012—2018 年），其中 2011 年安徽省各地级市固定资产投资额来自《2011 年各地级市国民经济和社会发展统计公报》。

第一节 静态分析

创新效率的静态分析主要考察某年度创新投入和创新产出之间的效率关系。考虑到时滞性的问题，创新投入与创新产出时间间隔期为 1 年，即考察 2016 年创新原始投入和 2017 年创新产出的效率关系。由于创新投入中研究与试验发展（R&D）内部经费支出和创新产出中工业企业新产品销售收入都是货币单位指标，为了消除价格波动对指标的影响，研究与试验发展（R&D）内部经费支出用工业生产者购进价格指数消除价格波动（2011=100），工业企业新产品销售收入用工业生产者出厂价格指数消除价格波动（2011=100）。

一、描述性统计分析

对 2016 年创新投入中研究与试验发展（R&D）人员数、研究与试验发展（R&D）研究机构数、研究与试验发展（R&D）内部经费支出、研究与试验发展（R&D）人员折合全时当量合计四个变量和 2017 年创新产出中专利申请数、专利授权数、工业企业新产品销售收入三个变量进行描述性统计分析，统计分析结

果如表 7.1 所示。由此可见，大部分指标中数据之间标准差相对较大，数据比较
离散。

表7.1　描述性统计分析结果

	NP	NRI	IE	FET	NPA	NPAU	NPI
Max	78669	1341	2288964	52818	61340	21469	29121564
Min	2131	91	57919.4	1345	1303	829	640367.15
Average	13190.81	335	348966.9	8489.375	10991.93	3638.31	5884829.2
SD	17998.68	298.393	539937.01	12207.84	14427.05	4972.30	7288837.9

二、相关性分析

对创新投入和创新产出变量进行相关性分析，分析结果如表 7.2 所示。研究与
试验发展（R&D）人员数（NP）与研究与试验发展（R&D）研究机构数（NRI）之
间相关系数为 0.9338957，相关度高；研究与试验发展（R&D）人员数（NP）与研
究与试验发展（R&D）内部经费支出（IE）相关系数为 0.9936886，高度相关；研
究与试验发展（R&D）人员数（NP）与研究与试验发展（R&D）人员折合全时当量
合计（FET）相关系数为 0.9969574，高度相关；专利申请数（NPA）与专利授权数
（NPAU）相关系数为 0.9941492，工业企业新产品销售收入（NPI）与研究与试验
发展（R&D）人员数（NP）相关系数为 0.9244385，由此可见创新投入和创新产
出所有指标之间相关系数都达到 0.9 以上，说明创新投入和创新产出之间具有高
度的相关性。

表7.2　变量的相关性分析结果

	NP	NRI	IE	FET	NPA	NPAU	NPI
NP	1						
NRI	0.93389	1					
IE	0.99368	0.93749	1				
FET	0.99695	0.94738	0.99446	1			
NPA	0.96085	0.92156	0.97299	0.96023	1		

	NP	NRI	IE	FET	NPA	NPAU	NPI
NPAU	0.97831	0.92653	0.98643	0.97622	0.99414	1	
NPI	0.92443	0.90396	0.94814	0.93090	0.92933	0.9273	1

三、技术创新效率分解情况分析

通过软件计算 2016 年安徽省 16 个地级市创新投入对 2017 年创新产出的技术创新综合效率、纯技术效率和规模效率，如表 7.3 所示。

首先，从综合效率上看。2016 年综合效率有效的地级市为阜阳市、淮南市、滁州市、六安市、铜陵市、池州市，其中铜陵市综合效率最高为 1.187755，其次为阜阳市、六安市和池州市，其他地级市全部未实现 DEA 有效。综合效率较低的 3 个地级市依次为宣城市 0.381416、蚌埠市 0.2967、黄山市 0.268857。

从纯技术效率上看，合肥市、芜湖市、铜陵市、池州市、阜阳市、滁州市、六安市、淮北市、亳州市、淮南市实现了纯技术效率有效，合肥市纯技术效率最高为 2.078236，芜湖市和铜陵市分别为 1.237979 和 1.225503，纯技术效率较低的 4 个地级市依次为宿州市、宣城市、蚌埠市、黄山市，其纯技术效率分别为 0.418099、0.383588、0.345692、0.290588。

从规模效率上看，安徽省 16 个地级市全部未实现规模效率有效，规模效率高的 4 个分别为淮南市、阜阳市、宣城市、六安市，规模效率值达到了 0.99 以上，规模效率较低的 3 个地级市为亳州市、淮北市、合肥市，其规模效率分别为 0.772793、0.682542、0.324776，全省各地级市规模效率均值为 0.876689。由此说明，安徽省所有地级市规模效率无效成为影响其技术创新的最主要因素。铜陵市、阜阳市、六安市、池州市、芜湖市、滁州市、淮南市虽然规模效率无效，但是在纯技术效率的作用下，综合效率都达到了有效，而安庆市、马鞍山市、宿州市、宣城市、蚌埠市、黄山市纯技术效率和规模效率都无效。

按照各地级市所在区域进行划分，安徽省可以分为皖北、皖中和皖南三个区块，其中皖北包括阜阳市、淮北市、亳州市、宿州市、蚌埠市、淮南市 6 个地级市，皖中包括安庆市、六安市、合肥市和滁州市 4 个地级市，皖南包括芜湖市、宣城市、黄山市、马鞍山市、池州市、铜陵市 6 个地级市。对三大区块的综合效率进行对比分析，如表 7.4 所示，皖北、皖中和皖南的综合效率分别为 0.72367、0.863625、0.747748，皖中综合创新效率最高，皖南次之，皖北地区的综合创新效率最低。

表7.3 安徽省各地级市技术创新超效率值与综合效率排名

地级市	综合效率（CRSTE）	纯技术效率（VRSTE）	规模效率（SCALE）	综合效率排名
合肥市	0.67496	2.078236	0.324776	10
淮北市	0.708863	1.038564	0.682542	9
亳州市	0.791954	1.024795	0.772793	8
宿州市	0.393429	0.418099	0.940994	13
蚌埠市	0.2967	0.345692	0.858278	15
阜阳市	1.146401	1.148995	0.997742	2
淮南市	1.004674	1.00512	0.999557	7
滁州市	1.054026	1.127125	0.935145	6
六安市	1.105309	1.115962	0.990454	3
马鞍山市	0.444543	0.532084	0.835475	12
芜湖市	1.100922	1.237979	0.88929	5
宣城市	0.381416	0.383588	0.994338	14
铜陵市	1.187755	1.225503	0.969198	1
池州市	1.102994	1.175693	0.938165	4
安庆市	0.620205	0.637376	0.97306	11
黄山市	0.268857	0.290588	0.925217	16

表7.4 综合效率区域划分

区域划分	地级市	综合效率（CRSTE）	纯技术效率（VRSTE）	规模效率（SCALE）	综合效率排名	综合效率区域均值
皖北	淮北市	0.708863	1.038564	0.682542	9	0.72367
	亳州市	0.791954	1.024795	0.772793	8	
	宿州市	0.393429	0.418099	0.940994	13	
	蚌埠市	0.2967	0.345692	0.858278	15	
	阜阳市	1.146401	1.148995	0.997742	2	
	淮南市	1.004674	1.00512	0.999557	7	

区域划分	地级市	综合效率（CRSTE）	纯技术效率（VRSTE）	规模效率（SCALE）	综合效率排名	综合效率区域均值
皖中	合肥市	0.67496	2.078236	0.324776	10	0.863625
	滁州市	1.054026	1.127125	0.935145	6	
	六安市	1.105309	1.115962	0.990454	3	
	安庆市	0.620205	0.637376	0.97306	11	
皖南	马鞍山市	0.444543	0.532084	0.835475	12	0.747748
	芜湖市	1.100922	1.237979	0.88929	5	
	宣城市	0.381416	0.383588	0.994338	14	
	铜陵市	1.187755	1.225503	0.969198	1	
	池州市	1.102994	1.175693	0.938165	4	
	黄山市	0.268857	0.290588	0.925217	16	

四、投入与产出松弛变量分析

根据对目标投影值和投入产出实际值的对比分析可知，安徽省16个地级市都需要通过调整相应的投入与产出才能实现综合效率最优，分析结果如表7.5所示。合肥市需要降低研究与试验发展（R&D）人员数、研究与试验发展（R&D）内部经费支出和研究与试验发展（R&D）人员折合全时当量合计，少量增加专利授权数以实现综合效率最优；淮北市需要适量减少研究与试验发展（R&D）人员数、研究与试验发展（R&D）人员折合全时当量合计，增加专利申请数和专利授权数以实现综合效率最优；亳州市需要减少研究与试验发展（R&D）人员数、研究与试验发展（R&D）内部经费支出、研究与试验发展（R&D）人员折合全时当量合计，适当增加专利申请数、工业企业新产品销售收入以实现综合效率最优。依次同理，其他地级市可以通过调整创新投入和创新产出实现综合效率最优。

表7.5　目标投影值与投入产出调整情况

No.	DMU	Score	Projection	Difference	%
	I/O	Data			
1	合肥市	0.67496019			
	NP	78669	44462.5635	−34206.437	−43.48%
	NRI	1341	1341	0	0.00%
	IE	2288964.31	1340419.09	−948545.22	−41.44%
	FET	52818	29014.2489	−23803.751	−45.07%
	NPA	61340	61340	0	0.00%
	NPAU	21469	21475.4472	6.4472271	0.03%
	NPI	29121564.1	29121564.1	0	0.00%
2	淮北市	0.70886327			
	NP	9153	3815.46148	5337.5385	−58.31%
	NRI	91	91	0	0.00%
	IE	117769.589	117769.589	0	0.00%
	FET	3081	2597.0564	−483.9436	−15.71%
	NPA	3181	3629.09336	448.09336	14.09%
	NPAU	970	1268.84342	298.84342	30.81%
	NPI	2986162.87	2986162.87	0	0.00%
3	亳州市	0.79195429			
	NP	2131	2098.75179	−32.24821	−1.51%
	NRI	127	127	0	0.00%
	IE	57919.4121	56178.2815	−1741.1307	−3.01%
	FET	1353	1267.4303	−85.569705	−6.32%
	NPA	3750	5244.43665	1494.4367	39.85%
	NPAU	1310	1310	0	0.00%
	NPI	1254460.37	1614348.73	359888.36	28.69%

No.	DMU I/O	Score Data	Projection	Difference	%
4	宿州市	0.39342855			
	NP	3286	2713.95272	−572.04728	−17.41%
	NRI	218	173.769597	−44.230403	−20.29%
	IE	71915.3989	71915.3989	0	0.00%
	FET	1972	1628.91894	−343.08106	−17.40%
	NPA	3061	7071.19116	4010.1912	131.01%
	NPAU	882	1639.18092	757.18092	85.85%
	NPI	915468.392	2202987.86	1287519.5	140.64%
5	蚌埠市	0.29669981			
	NP	15439	10025.4003	−5413.5997	−35.06%
	NRI	503	503	0	0.00%
	IE	342973.359	229531.251	−113442.11	−33.08%
	FET	11748	5495.04989	−6252.9501	−53.23%
	NPA	7614	23974.0996	16360.1	214.87%
	NPAU	2190	6339.26214	4149.2621	189.46%
	NPI	4605994.57	4605994.57	0	0.00%
6	阜阳市	1.14640107			
	NP	3967	4604.94888	637.94888	16.08%
	NRI	254	254	0	0.00%
	IE	105119.144	105119.144	0	0.00%
	FET	2381	2558.56499	177.56499	7.46%
	NPA	10336	10336	0	0.00%
	NPAU	2396	2396	0	0.00%
	NPI	3220119.77	2482332.95	−737786.82	−22.91%

No.	DMU	Score	Projection	Difference	%
	I/O	Data			
7	淮南市	1.00467444			
	NP	10698	10698	0	0.00%
	NRI	135	137.524199	2.5241986	1.87%
	IE	151596.161	151596.161	0	0.00%
	FET	5292	5292	0	0.00%
	NPA	5381	5381	0	0.00%
	NPAU	2358	2358	0	0.00%
	NPI	640367.154	640367.154	0	0.00%
8	滁州市	1.0540257			
	NP	10231	10231	0	0.00%
	NRI	550	550	0	0.00%
	IE	294579.679	302648.377	8068.6978	2.74%
	FET	7001	7001	0	0.00%
	NPA	10083	10083	0	0.00%
	NPAU	3131	3131	0	0.00%
	NPI	11019260.6	9539598.39	−1479662.2	−13.43%
9	六安市	1.10530886			
	NP	4328	4328	0	0.00%
	NRI	224	224	0	0.00%
	IE	93804.8401	109892.113	16087.272	17.15%
	FET	2297	2465.19302	168.19302	7.32%
	NPA	.10768	9478.28131	−1289.7187	−11.98%
	NPAU	2645	2645	0	0.00%
	NPI	1882816	1882816	0	0.00%

No.	DMU	Score	Projection	Difference	%
	I/O	Data			
10	马鞍山市	0.44454304			
	NP	15458	6672.89032	−8785.1097	−56.83%
	NRI	424	424	0	0.00%
	IE	458154.102	177069.874	−281084.23	−61.35%
	FET	9393	4008.49929	−5384.5007	−57.32%
	NPA	10116	17287.4943	7171.4943	70.89%
	NPAU	4049	4049	0	0.00%
	NPI	4985668.77	5377208.89	391540.12	7.85%
11	芜湖市	1.10092202			
	NP	26850	26850	0	0.00%
	NRI	498	699.036655	201.03666	40.37%
	IE	869198.958	869198.958	0	0.00%
	FET	17675	17675	0	0.00%
	NPA	28911	28911	0	0.00%
	NPAU	8910	8910	0	0.00%
	NPI	16226284.9	16226284.9	0	0.00%
12	宣城市	0.38141647			
	NP	8968	5356.10145	−3611.8985	−40.28%
	NRI	303	303	0	0.00%
	IE	187874.088	126226.241	−61647.847	−32.81%
	FET	5972	2988.63597	−2983.364	−49.96%
	NPA	4857	13572.8439	8715.8439	179.45%
	NPAU	1973	3258.27694	1285.2769	65.14%
	NPI	3121681.94	3121681.94	0	0.00%

第七章　安徽省各地区创新效率分析

No.	DMU	Score	Projection	Difference	%
	I/O	Data			
13	铜陵市	1.18775508			
	NP	8680	8680	0	0.00%
	NRI	141	141	0	0.00%
	IE	273492.862	273492.862	0	0.00%
	FET	6302	6302	0	0.00%
	NPA	2721	2721	0	0.00%
	NPAU	1040	1040	0	0.00%
	NPI	8748161.87	4599549.49	−4148612.4	−47.42%
14	池州市	1.10299419			
	NP	2163	2163	0	0.00%
	NRI	94	94	0	0.00%
	IE	60720.9598	60720.9598	0	0.00%
	FET	1345	1345	0	0.00%
	NPA	4286	4286	0	0.00%
	NPAU	1562	1124.43581	−437.56419	−28.01%
	NPI	1217556.96	1217556.96	0	0.00%
15	安庆市	0.62020544			
	NP	7270	4607.34252	−2662.6575	−36.63%
	NRI	295	295	0	0.00%
	IE	142446.476	122087.195	−20359.281	−14.29%
	FET	4812	2765.33465	−2046.6654	−42.53%
	NPA	8163	12004.4094	3841.4094	47.06%
	NPAU	2499	2782.75591	283.75591	11.35%
	NPI	3330582.98	3739902.89	409319.91	12.29%

No.	DMU	Score	Projection	Difference	%
	I/O	Data			
16	黄山市	0.26885712			
	NP	3762	2526.27281	−1235.7272	−32.85%
	NRI	162	161.752784	−0.2472164	−0.15%
	IE	66942.1818	66942.1818	0	0.00%
	FET	2388	1516.27314	−871.72686	−36.50%
	NPA	1303	6582.19201	5279.192	405.16%
	NPAU	829	1525.82547	696.82547	84.06%
	NPI	881117.205	2050643.06	1169525.9	132.73%

第二节　动态分析

动态考察创新投入对创新产出的影响，需要连续考察不同年度创新效率的情况，考虑到技术创新投入和技术创新产出之间具有时滞性，本研究中技术创新投入和产出间隔期为 1 年，即 2011 年的创新投入对应 2012 年的创新产出，2012 年的创新投入对应 2013 年的创新产出，以此类推，实证考察到 2016 年创新投入和 2017 年的创新产出情况。

结果如表 7.6 所示，本研究考察了 2011 年到 2016 年创新投入产生的创新效率情况，发现不同地级市综合创新效率差异比较大，不同年份综合创新效率也有明显不同，例如：淮北市 2011—2016 年创新效率呈现出持续性的增加趋势，亳州市则表现出起伏的波动情况，宿州市表现为"先升后降"的变化态势，蚌埠市表现为连续性的下降趋势。从 6 个年度的综合创新效率上看，阜阳市、滁州市、六安市、铜陵市综合创新效率 2011—2016 年全部保持了超效率，而淮北市、蚌埠市、合肥市、马鞍山市、宣城市和黄山市则全部为综合创新效率无效，其他地级市则表现为间隔性的有效和无效。从平均增幅上看，安徽省各地级市 2011—2016 年创新效率增幅分类情况如表 7.7 所示，在考察期内，淮北市、阜阳市、淮南市、合肥市、六安市、安庆市、芜湖市、铜陵市和池州市的创新综合效率平均增幅为正，亳州市、宿州市、蚌埠市、滁州市、马鞍山市、宣城市、黄山市平均增幅为负。

表7.6 安徽省各地级市2011—2016年综合创新超效率值

区域划分	地级市	2011	2012	2013	2014	2015	2016	平均增幅	均值	均值排名	区块均值
皖北	淮北市	0.275	0.286	0.369	0.297	0.538	0.709	25.27%	0.412	15	0.678
	亳州市	1.048	1.104	0.761	1.004	1.005	0.792	−2.98%	0.953	5	
	宿州市	0.598	0.655	1.018	0.623	0.492	0.393	−3.00%	0.63	9	
	蚌埠市	0.608	0.487	0.544	0.394	0.355	0.297	−12.42%	0.447	14	
	阜阳市	1.083	1.107	1.169	1.37	1.14	1.146	1.76%	1.169	2	
	淮南市	1	0.246	0.15	0.145	0.199	1.005	65.01%	0.457	13	
皖中	合肥市	0.363	0.33	0.491	0.461	0.604	0.675	15.27%	0.487	12	0.8685
	滁州市	1.151	1.129	1.075	1.053	1.086	1.054	−1.71%	1.092	4	
	六安市	1.12	1.194	1.088	1.034	1.16	1.105	0.06%	1.117	3	
	安庆市	0.401	0.531	1.006	1.003	1.106	0.62	17.59%	0.778	8	
皖南	马鞍山市	0.719	0.661	0.579	0.447	0.437	0.445	−8.76%	0.548	11	0.7583
	芜湖市	1.057	0.874	1.023	0.624	1.002	1.101	6.24%	0.947	6	
	宣城市	0.764	0.505	0.762	0.457	0.424	0.381	−8.09%	0.549	10	
	铜陵市	1.185	1.219	1.303	1.351	1.19	1.188	0.27%	1.239	1	
	池州市	1.142	0.579	1.12	1.01	0.725	1.103	11.64%	0.947	7	
	黄山市	0.4	0.361	0.347	0.257	0.284	0.269	−6.90%	0.32	16	

表7.7　安徽省各地级市2011—2016年创新效率增幅分类情况

综合创新效率平均增幅为正	综合创新效率平均增幅为负
合肥市、淮北市、阜阳市、淮南市、六安市、芜湖市、铜陵市、池州市、安庆市	亳州市、宿州市、蚌埠市、滁州市、马鞍山市、宣城市、黄山市

从 6 个年度的均值上看，铜陵市、阜阳市、六安市、滁州市 2011—2016 年综合创新效率均值为有效，其中铜陵市为最高，综合创新效率均值为 1.239，其他地级市综合创新效率均值全部为无效，蚌埠市、淮北市、黄山市 2011—2016 年综合创新效率均值全省较低，分别为 0.447、0.412、0.32。

最后，从安徽省三大区划上看，皖中地区 2011—2016 年综合效率均值最高为 0.8685，其次是皖南地区，综合效率均值为 0.7583，皖北地区最低，为 0.678。

第三节　安徽省与国内其他省份创新效率比较分析

为了进一步比较安徽省与国内其他省份创新效率的关系，兼顾创新投入和创新产出之间的时滞性问题，本研究采用国内各省份 2016 年创新投入数据和 2017 年创新产出数据进行分析。度量指标同样采取研究与试验发展（R&D）人员数（人）（NP）、研究与试验发展（R&D）研究机构数（个）（NRI）、研究与试验发展（R&D）内部经费支出（万元）（IE）、研究与试验发展（R&D）人员折合全时当量合计（人年）（FET）作为创新投入，专利申请数（件）（NPA）、专利授权数（件）（NPAU）、工业企业新产品销售收入（万元）（NPI）作为创新产出度量指标，由于统计年鉴中缺少省份工业企业新产品销售收入（万元）度量指标，本研究使用各省份规模以上工业企业新产品销售收入代替省份工业企业新产品销售收入。创新投入数据来源于《中国科技统计年鉴 2017》，创新产出数据来源于《中国科技统计年鉴 2018》。

一、描述性统计分析

对 2016 年创新投入中研究与试验发展（R&D）人员数、研究与试验发展（R&D）研究机构数、研究与试验发展（R&D）内部经费支出、研究与试验发展（R&D）人员折合全时当量合计四个变量和 2017 年创新产出中专利申请数、专利授权数、规上工业企业新产品销售收入三个变量进行描述性统计分析，统计分析结果如表7.8所示。由此可见，大部分指标中数据之间标准差相对较大，说明国内各省份创新水平差异较大。

表7.8 描述性统计分析

	NP	NRI	IE	FET	NPA	NPAU	NPI
Max	113675	396	7301166	543438	627834	332652	348630305
Min	511	17	12759	1126	1097	420	94173
Average	14513.419	116.48387	729089.16	125098.71	113331.42	55003.581	61796351.35
SD	20430.963	69.758973	1364728.2	137153.82	144293.32	73710.698	83312396.51

二、相关性分析

对创新投入和创新产出变量进行相关性分析，结果如表7.9所示。研究与试验发展（R&D）人员数（NP）与研究与试验发展（R&D）研究机构数（NRI）之间相关系数为0.8179，相关度高；研究与试验发展（R&D）人员数（NP）与研究与试验发展（R&D）内部经费支出（IE）相关系数为0.9893，高度相关；研究与试验发展（R&D）人员数（NP）与研究与试验发展（R&D）人员折合全时当量合计（FET）相关系数为0.3726，基本相关；专利申请数（NPA）与专利授权数（NPAU）相关系数为0.9884；工业企业新产品销售收入（NPI）与研究与试验发展（R&D）人员数（NP）相关系数为0.1412。由此可见，大部分创新投入和创新产出指标之间基本相关。

表7.9 变量的相关性分析

	NP	NRI	IE	FET	NPA	NPAU	NPI
NP	1						
NRI	0.8179	1					
IE	0.9893	0.7705	1				
FET	0.3726	0.4721	0.3431	1			
NPA	0.2924	0.3944	0.2631	0.9667	1		

	NP	NRI	IE	FET	NPA	NPAU	NPI
NPAU	0.2974	0.4116	0.2719	0.9596	0.9884	1	
NPI	0.1412	0.3061	0.1158	0.9555	0.9573	0.9523	1

三、技术创新效率分解情况分析

本研究采取超效率 SBM 模型对创新效率进行研究。通过 DEA-SOLVER Pro5.0 软件计算 2016 年安徽省与国内其他省市（由于统计数据缺乏，不包括港澳台）创新投入与 2017 年创新产出的技术创新综合效率、纯技术效率和规模效率，如表 7.10 所示。

表7.10　安徽省与其他省市技术创新超效率值与综合效率排名

省份	综合效率	纯技术效率	规模效率	综合效率排名
北京市	0.1404659	0.1431427	0.9813	28
天津市	0.327468	0.3664987	0.893504	15
河北省	0.2887885	0.3203246	0.90155	18
山西省	0.1889974	0.2163108	0.873731	20
内蒙古自治区	0.1489927	0.1826223	0.815852	26
辽宁省	0.2025034	0.2196205	0.922061	19
吉林省	0.1745536	0.2007901	0.869334	23
黑龙江省	0.1475569	0.1664761	0.886355	27
上海市	0.2983692	0.3139356	0.950415	17
江苏省	1.005127	1.0393475	0.967075	8
浙江省	1.1868089	1.2130703	0.978351	1
安徽省	1.0086955	1.0098929	0.998814	5
福建省	0.5133438	0.5555557	0.924019	11

省份	综合效率	纯技术效率	规模效率	综合效率排名
江西省	1.0332613	1.0358046	0.997545	4
山东省	0.4664792	0.4733867	0.985408	12
河南省	0.3486104	0.368253	0.94666	14
湖北省	0.3202429	0.3431392	0.933274	16
湖南省	1.0065256	1.0073799	0.999152	6
广东省	1.0480966	1.5009414	0.698293	2
广西省	1.0032869	1.004385	0.998907	9
海南省	0.117755	0.2151036	0.547434	30
重庆市	1.0368407	1.0755442	0.964015	3
四川省	1.0018945	1.0101992	0.991779	10
贵州省	1.0059703	1.0121494	0.993895	7
云南省	0.1618147	0.1882404	0.859617	25
西藏自治区	0.083163	2.1551219	0.038589	31
陕西省	0.1723601	0.1898996	0.907638	24
甘肃省	0.1266274	0.1543303	0.820496	29
青海省	0.1862351	0.4685051	0.397509	22
宁夏回族自治区	0.3749302	1.0133276	0.369999	13
新疆维吾尔自治区	0.1881546	0.2449511	0.768131	21

首先，从综合效率上看。综合效率反映了各地区资源配置和使用效率的综合能力。2016 年综合效率有效的省市为浙江省、广东省、重庆市、江西省、安徽省、湖南省、贵州省、江苏省、广西省和四川省，其中浙江省综合效率最高为 1.186808917，其次为广东省 1.048096623、重庆市 1.036840716 和江西省 1.033261299，其他省市全部未实现 DEA 有效，综合效率均值为 0.49399859。综合效率较低的三个省份分别为甘肃省 0.126627366、海南省 0.117755024 和西藏

自治区 0.083163089，这些地区也是国内资源配置和使用效率的综合能力较弱的省份。

从纯技术效率上看。纯技术效率反映了各地区在既定条件下创新主体的创新管理能力情况。西藏自治区、广东省、浙江省、重庆市、江苏省、江西省、宁夏回族自治区、贵州省、四川省、安徽省、湖南省、广西省实现了纯技术效率有效，说明在既定条件下创新主体的创新管理能力较强。其他省市纯技术效率无效，纯技术效率较高的省份为西藏自治区 2.1551219、广东省 1.5009414、浙江省 1.2130703，纯技术效率均值为 0.626072581。纯技术效率较低的省份为内蒙古自治区 0.1826223、黑龙江省 0.1664761、甘肃省 0.1543303、北京市 0.1431427。这说明这些省份创新主体的创新管理能力较弱。

从规模效率上看。规模效率反映了各地区创新投资规模情况。我国 31 个省份（港澳台未纳入比较）全部未实现规模效率有效，规模效率较高的省份为湖南省 0.999152、广西省 0.998907、安徽省 0.998814、江西省 0.997545，规模效率达到 0.9 以上的省份为湖南省、广西省、安徽省、江西省、贵州省、四川省、山东省、北京市、浙江省、江苏省、重庆市、上海市、河南省、湖北省、福建省、辽宁省、陕西省、河北省，规模效率较差的省份为海南省 0.547434、青海省 0.397509、宁夏回族自治区 0.369999、西藏自治区 0.038589，这些地区创新投资规模较小。全国各省份规模效率均值为 0.844538774。由此说明，全国所有省份规模效率无效成为影响技术创新的最主要因素，浙江省、广东省、重庆市、江西省、安徽省、湖南省、贵州省、江苏省、广西省、四川省虽然规模效率无效，但是在纯技术效率的作用下，综合效率都达到了有效，而福建省、山东省、青海省、河南省、天津市、湖北省、河北省、上海市、新疆维吾尔自治区、辽宁省、山西省、海南省、吉林省、陕西省、云南省、内蒙古自治区、黑龙江省、甘肃省、北京市纯技术效率和规模效率都无效。西藏自治区、宁夏回族自治区纯技术效率有效，但是规模效率和综合效率无效。

按照各省份所在区域进行划分，中国可以划分为七大区域：华中地区、华北地区、华东地区、华南地区、西北地区、东北地区、西南地区。对七大区域的综合效率进行对比分析，如表 7.11 所示，华北地区综合创新效率平均值为 0.2189425，东北地区为 0.1748713、华东地区为 0.7874407、华中地区为 0.558459633、华南地区为 0.723046167、西南地区为 0.65794404、西北地区为 0.20966148，各地区综合创新效率平均值排名顺序为华东地区、华南地区、西南地区、华中地区、华北地区、西北地区、东北地区。

表7.11 综合效率区域划分

地区	省份	综合效率	综合效率均值	综合效率排名
华北地区	北京市	0.1404659	0.2189425	5
	天津市	0.327468		
	河北省	0.2887885		
	山西省	0.1889974		
	内蒙古自治区	0.1489927		
东北地区	辽宁省	0.2025034	0.1748713	7
	吉林省	0.1745536		
	黑龙江省	0.1475569		
华东地区	上海市	0.2983692	0.7874407	1
	江苏省	1.005127		
	浙江省	1.1868089		
	安徽省	1.0086955		
	福建省	0.5133438		
	江西省	1.0332613		
	山东省	0.4664792		
华中地区	河南省	0.3486104	0.558459633	4
	湖北省	0.3202429		
	湖南省	1.0065256		
华南地区	广东省	1.0480966	0.723046167	2
	广西省	1.0032869		
	海南省	0.117755		
西南地区	重庆市	1.0368407	0.65794404	3
	四川省	1.0018945		
	贵州省	1.0059703		
	云南省	0.1618147		
	西藏自治区	0.083200		

地区	省份	综合效率	综合效率均值	综合效率排名
西北地区	陕西省	0.1723601	0.20966148	6
	甘肃省	0.1266274		
	青海省	0.1862351		
	宁夏回族自治区	0.3749302		
	新疆维吾尔自治区	0.1881546		

四、各地区综合创新效率聚类分析

对我国各地区综合创新效率做聚类分析，聚类群数设置为3，聚类1为高综合创新效率群，聚类2为中综合创新效率群，聚类3为低综合创新效率群，聚类分析结果如表7.12所示。可知，江苏省、浙江省、安徽省、江西省、湖南省、广东省、广西省、重庆市、四川省、贵州省为高综合创新效率群，天津市、河北省、上海市、福建省、山东省、河南省、湖北省、宁夏回族自治区为中综合创新效率群，北京市、山西省、内蒙古自治区、辽宁省、吉林省、黑龙江省、海南省、云南省、西藏自治区、陕西省、甘肃省、青海省、新疆维吾尔自治区为低综合创新效率群。从聚类结果可以看出，华东地区和华南地区省份主要集中在高综合创新效率群，而东北地区和西北地区省份主要集中在低综合创新效率群。安徽省位居高综合创新效率群，说明安徽省的综合创新效率在全国范围内相对较高。

表7.12　聚类分析

省份	综合效率	聚类	省份	综合效率	聚类
北京市	0.140466	3	湖北省	0.320243	2
天津市	0.327468	2	湖南省	1.006526	1
河北省	0.288789	2	广东省	1.048097	1
山西省	0.188997	3	广西省	1.003287	1
内蒙古自治区	0.148993	3	海南省	0.117755	3
辽宁省	0.202503	3	重庆市	1.036841	1
吉林省	0.174554	3	四川省	1.001895	1

省份	综合效率	聚类	省份	综合效率	聚类
黑龙江省	0.147557	3	贵州省	1.00597	1
上海市	0.298369	2	云南省	0.161815	3
江苏省	1.005127	1	西藏自治区	8.32E-02	3
浙江省	1.186809	1	陕西省	0.17236	3
安徽省	1.008696	1	甘肃省	0.126627	3
福建省	0.513344	2	青海省	0.186235	3
江西省	1.033261	1	宁夏回族自治区	0.37493	2
山东省	0.466479	2	新疆维吾尔自治区	0.188155	3
河南省	0.34861	2			

五、安徽省与其他省份比较分析

（一）安徽省与华东各省份创新效率相比

安徽省位于华东地区，华东地区共六省一市，整体经济水平在全国范围内居于领先地位，创新投入数量和创新成果也具有明显优势，但是华东地区各省份创新效率却有较明显的差异。如表 7.13 所示，华东地区综合效率有效的省份为江苏省、浙江省、安徽省和江西省，综合效率最高的省份为浙江省 1.1868，最低的为上海市 0.2984，综合效率均值 0.7874。安徽省综合效率 1.0087，位居华东地区第三，超过华东地区综合效率均值水平。从纯技术效率上看，华东地区纯技术效率有效的省份为江苏省、浙江省、安徽省和江西省，纯技术效率最高的省份为浙江省 1.2131，最低的省份为上海市 0.3139。安徽省纯技术创新效率为 1.0099，位居华东地区第四，超过纯技术效率平均值 0.8059。从规模效率上看，华东地区所有省份都没有实现规模效率有效，规模效率最高的省份为安徽省 0.9988，其次为江西省 0.9975，说明安徽省在既定规模下，在华东地区创新效率相对最高，而规模较大的上海市、江苏省和浙江省都没有发挥有效规模效率。

表7.13　安徽省与华东地区各省份创新效率表

省份	综合效率	纯技术效率	规模效率	综合效率均值	纯技术效率均值	规模效率均值
上海市	0.2984	0.3139	0.9504			
江苏省	1.0051	1.0393	0.9671			
浙江省	1.1868	1.2131	0.9784			
安徽省	1.0087	1.0099	0.9988	0.7874	0.8059	0.9717
福建省	0.5133	0.5556	0.9240			
江西省	1.0333	1.0358	0.9975			
山东省	0.4665	0.4734	0.9854			

（二）安徽省与华中地区各省份创新效率相比

华中地区包括河南省、湖南省和湖北省，安徽省与华中三省份地理位置相邻，华中地区创新效率在全国各大区域处于中等水平，如表7.14所示，华中地区只有湖南省综合效率和纯技术效率有效，湖北省和河南省综合效率和纯技术效率都无效，华中地区综合效率均值为0.5585，低于安徽省综合效率值1.0087；纯技术效率均值0.5729，低于安徽省综合效率值1.0099；规模效率均值0.9597，低于安徽省规模效率值0.9988。由此说明，安徽省综合效率、纯技术效率、规模效率都高于华中地区均值。

表7.14　安徽省与华中地区各省份创新效率表

省份	综合效率	纯技术效率	规模效率	综合效率均值	纯技术效率均值	规模效率均值
安徽省	1.0087	1.0099	0.9988	1.0087	1.0099	0.9988
河南省	0.3486	0.3683	0.9467			
湖北省	0.3202	0.3431	0.9333	0.5585	0.5729	0.9597
湖南省	1.0065	1.0074	0.9992			

（三）安徽省与各直辖市创新效率相比

我国共 4 个直辖市，分别为北京市、天津市、上海市和重庆市，直辖市往往企业集聚较多，产业基础较好，经济发展较迅速。如表 7.15 所示，四大直辖市中只有重庆市综合效率和纯技术效率有效，北京市、天津市和上海市都未能达到创新效率有效。四大直辖市综合效率均值为 0.4508，低于安徽省的 1.0087；纯技术效率均值为 0.4748，低于安徽省的 1.0099；规模效率均值为 0.9473，低于安徽省的 0.9988。由此说明，安徽省综合效率、纯技术效率、规模效率都高于我国四大直辖市的效率均值。

表7.15　安徽省与各直辖市创新效率表

省份	综合效率	纯技术效率	规模效率	综合效率均值	纯技术效率均值	规模效率均值
安徽省	1.0087	1.0099	0.9988	1.0087	1.0099	0.9988
北京市	0.1405	0.1431	0.9813			
天津市	0.3275	0.3665	0.8935	0.4508	0.4748	0.9473
上海市	0.2984	0.3139	0.9504			
重庆市	1.0368	1.0755	0.9640			

（四）安徽省与沿海省份创新效率相比

我国沿海省份开放程度较高，经济发展较好。我国有 10 个沿海省，分别是天津市、河北省、辽宁省、山东省、江苏省、上海市、浙江省、福建省、台湾省、广东省。其中台湾省缺乏相关数据，本研究不纳入研究。将安徽省与我国 9 个沿海省创新效率做比较，如表 7.16 所示，我国沿海省份中只有江苏省、浙江省和广东省达到了综合效率和纯技术效率有效，其他沿海省份都未能实现创新有效。沿海省份综合效率均值为 0.5930，低于安徽省的 1.0087；纯技术效率均值为 0.6670，低于安徽省的 1.0099；规模效率均值为 0.9134，低于安徽省的 0.9988。由此说明，安徽省综合效率、纯技术效率、规模效率都高于我国沿海省份的效率均值。

表7.16　安徽省与沿海省份创新效率表

省份	综合效率	纯技术效率	规模效率	综合效率均值	纯技术效率均值	规模效率均值
安徽省	1.0087	1.0099	0.9988	1.0087	1.0099	0.9988
天津市	0.3275	0.3665	0.8935			
河北省	0.2888	0.3203	0.9016			
辽宁省	0.2025	0.2196	0.9221			
上海市	0.2984	0.3139	0.9504			
江苏省	1.0051	1.0393	0.9671	0.5930	0.6670	0.9134
浙江省	1.1868	1.2131	0.9784			
福建省	0.5133	0.5556	0.9240			
山东省	0.4665	0.4734	0.9854			
广东省	1.0481	1.5009	0.6983			

六、安徽省与其他省份投入与产出松弛变量对比分析

根据对目标投影值和投入产出实际值的对比分析可知，安徽省与我国其他省份都需要通过调整相应的投入与产出才能实现综合效率最优，分析结果如附表"我国各省份目标投影值与投入产出调整情况"所示。安徽省需要提高研究与试验发展（R&D）人员折合全时当量（FET）来实现创新效率最佳，提高程度为3.48%；北京市需要降低92.46%研究与试验发展（R&D）人员数、降低74.94%研究与试验发展（R&D）研究机构数、降低95.04%研究与试验发展（R&D）内部经费支出、增加65.90%专利申请数、增加52.81%专利授权数、增加315.80%工业企业新产品销售收入来实现创新效率最佳；天津市需要降低73.78%研究与试验发展（R&D）人员数、降低47.51%研究与试验发展（R&D）研究机构数、降低76.19%研究与试验发展（R&D）内部经费支出、增加37.43%专利申请数、增加62.65%专利授权数、增加63.75%工业企业新产品销售收入来实现创新效率最佳。依次同理，其他各省份可以通过调整各自的创新投入和创新产出来实现综合效率最优。

第四节　本章小结

本章结合安徽省统计年鉴以超效率SBM模型对安徽省各地级市2011—2016年创新效率进行分析，静态分析2016年创新原始投入和2017年创新产出的效率关系，得知创新投入和创新产出所有指标之间的相关系数都达到0.9以上，说明创新投入和创新产出之间具有高度的相关性。2016年安徽省综合效率有效的地级市为阜阳市、淮南市、滁州市、六安市、铜陵市、池州市，其他地级市全部未实现DEA有效。合肥市、芜湖市、铜陵市、池州市、阜阳市、滁州市、六安市、淮北市、亳州市、淮南市实现了纯技术效率有效，其余地级市无效。安徽省16个地级市全部未实现规模效率有效。从动态上看，本研究考察了安徽省各地级市2011年到2016年创新投入产生的创新效率情况，不同地级市综合创新效率差异比较大，不同年份综合创新效率也有明显不同，从6个年度的综合创新效率上看，阜阳市、滁州市、六安市、铜陵市综合创新效率全部保持了超效率，而淮北市、蚌埠市、合肥市、马鞍山市、宣城市和黄山市综合创新效率则全部为无效，其他地级市则表现为间隔性的有效和无效。淮北市、阜阳市、淮南市、合肥市、六安市、安庆市、芜湖市、铜陵市和池州市创新综合效率表现为平均增幅为正，其余地级市平均增幅为负。铜陵市、阜阳市、六安市、滁州市2011—2016年综合创新效率均值为有效，其他地级市综合创新效率均值全部为无效。

安徽省与其他省份创新效率比较，安徽省综合效率、纯技术效率、规模效率都高于华东地区均值、华中地区均值、四大直辖市均值以及沿海省份均值。

第八章 安徽省创新、产业结构优化升级与区域经济发展影响关系实证分析

度量指标体系中，研究与试验发展（R&D）内部经费支出、工业企业新产品销售收入、地方国内生产总值、地方财政收入、社会消费品零售总额、进出口总额、固定资产投资等都是以货币计量的指标，考虑到价格波动对指标的影响问题，分别采用各年度价格指数进行平减，其中研究与试验发展（R&D）内部经费支出用工业生产者购进价格指数消除价格波动（2011=100），工业企业新产品销售收入用工业生产者出厂价格指数消除价格波动（2011=100），地方国内生产总值用GDP指数消除价格波动（2011=100），地方财政收入用GDP指数消除价格波动（2011=100），社会消费品零售总额用商品零售价格指数消除价格波动（2011=100），进出口总额利用2011—2017年度人民币对美元平均换算汇率换算成人民币，再用工业生产者出厂价格指数消除价格波动（2011=100）。固定资产投资用固定资产投资价格指数消除价格波动（2011=100）。

第一节 安徽省创新与产业结构优化升级实证分析

一、描述性统计分析

对安徽省创新、产业结构优化升级做描述性统计分析，结果如表8.1所示，创新因子得分最小值为 −0.477820，最大值为 2.506345，均值为 0，标准差为 0.693136；产业结构优化升级最小值为 2.051940，最大值为 2.449600，均值为 2.226506，标准差为 0.090972，可知产业结构优化升级在各个地级市和年度之间的差异相对较小，而创新在时间维度上和空间维度上的差异较明显。

表8.1　描述性统计

	最小值	最大值	均值	标准差
IN	−0.477820	2.506345	0	0.693136
IU	2.051940	2.449600	2.226506	0.090972

二、相关分析

企业可以通过创新活动实现更高的生产效率、更低的成本或者更强的生产能力。这种因为创新活动为企业带来的绝对优势会对相关企业产生重要影响，相关的企业会积极模仿和学习，以减小因为创新而导致的差距，因而更多企业会加入到创新活动中来，从而带来了行业的繁荣和发展，也实现了产业结构的优化。因此，可以认为创新和产业结构优化升级之间应该存在一种彼此关联、相互影响的关系。通过对安徽省创新与产业结构优化升级进行相关分析，如表8.2所示，2011年创新与产业结构优化升级相关系数为0.590，通过了0.05水平的显著性检验，2012年创新与产业结构优化升级相关系数为0.551，通过了0.05水平的显著性检验，2014年、2015年、2016年的创新与产业结构优化升级相关系数通过了0.1水平的显著性检验，2017年相关系数也通过了0.05水平的显著性检验。由此可知，创新与产业结构优化升级具有显著的相关性，从而可以判断创新与产业结构优化升级之间存在着一种非确定的相互依存关系。

表8.2　创新与产业结构优化升级Pearson相关性

	年度	产业结构优化升级
创新	2011	0.590**
	2012	0.551**
	2013	0.532**
	2014	0.425*
	2015	0.483*
	2016	0.482*
	2017	0.507**

注：* 代表在0.1水平上（双侧）上显著相关，** 代表在0.05水平（双侧）上显著相关，*** 代表在0.01水平（双侧）上显著相关。

三、创新对产业结构优化升级的影响效应分析

通过相关分析可以初步认为创新与产业结构优化升级之间存在长期均衡和短期波动关系，这种关系是一种非确定性关系，因而需要进一步确定创新与产业结构优化升级两个变量之间因果关系的存在性以及因果关系的方向。

创新与产业结构优化升级都存在滞后的变量，并且这两个变量都存在相互影响的关系，但可能是创新引起了产业结构优化升级的变化（前因后果），或者是产业结构优化升级引起了创新的变化（前果后因），也可能两者之间存在相互影响、彼此反馈的关系，即创新引起产业结构优化升级的变化，同时产业结构优化升级引起创新的变化，这就需要从统计学意义上检验创新与产业结构优化升级之间的因果方向性。为了防止变量之间出现虚假回归问题，需要在数据的稳定性基础上进行分析。

（一）稳定性检验

变量数据的稳定性是变量回归的前提条件，否则容易出现虚假回归的现象。面板数据的稳定性检验一般通过 Levin，Lin & Chu t、ADF-Fisher Chi-square、PP – Fisher Chi-square 三种方法进行。检验结果如表 8.3 所示，可知创新（IN）和产业结构优化升级（IU）在 Levin，Lin & Chut、ADF-Fisher Chi-square、PP-Fisher Chi-square 检验中显著性水平都大于 0.5，都没有通过显著性检验，说明 IN 和 IU 都是非平稳数据。对 IN 和 IU 进行一阶差分以后再进行稳定性检验，D（IN）和 D（IU）在 Levin，Lin & Chut、PP – Fisher Chi-square 两种检验方法下都通过了 0.05 水平的显著性检验，在 ADF-Fisher Chi-square 检验中 D（IN）和 D（IU）显著性水平分别为 0.0967 和 0.0489，通过了 0.05 水平的显著性检验。根据上述检验结果可以判断，IN ~ I（1），IU ~ I（1），IN、IU 都是一阶单整，需要进一步做协整检验。

表8.3　稳定性检验

	Levin，Lin & Chut		ADF-Fisher Chi-square		PP – Fisher Chi-square	
	Statistic	Prob.	Statistic	Prob.	Statistic	Prob.
IN	−1.86881**	0.0308	29.1047	0.6138	35.2418	0.3174
IU	4.27875	1	2.38588	1	1.70051	1

	Levin，Lin & Chut		ADF-Fisher Chi-square		PP - Fisher Chi-square	
D（IN）	−5.32731***	0	42.7695*	0.0967	56.2594***	0.0051
D（IU）	−5.14324***	0	31.536**	0.0489	36.7457**	0.0258

注：* 代表在 0.1 水平上显著，** 代表在 0.05 水平上显著，*** 代表在 0.01 水平上显著。

（二）协整检验

因为 IN、IU 都是一阶单整，所以 IN、IU 之间有可能存在协整关系，需要对变量进行协整检验。面板数据的协整检验一般采取 Pedroni 检验和 ADF 检验，通过了协整检验，说明变量之间存在着长期稳定的均衡关系，因而可以在此基础上直接对原方程进行回归。检验结果如表 8.4 所示。在 Pedroni 检验中，Panel v-Statistic、Panel PP-Statistic、Panel ADF-Statistic 都通过了 0.1 水平的显著性检验，Group rho-Statistic 显著性水平为 0.9098，Group PP-Statistic 和 Group ADF-Statistic 通过了 0.01 水平的显著性检验，ADF 检验通过了 0.1 水平的显著性检验，可以认为 IN、IU 之间存在协整关系，其方程回归残差是平稳的，可以进一步做回归分析。

表8.4　协整检验

检验方法	统计量名	统计值	显著性	Weighted	
		Statistic	Prob.	Statistic	Prob.
Pedroni 检验	Panel v-Statistic	1.518765*	0.0644	0.641042	0.2607
	Panel PP-Statistic	−3.79164***	0.0001	−6.0665***	0
	Panel ADF-Statistic	−1.54268*	0.0615	−2.95701***	0.0016
	Group rho-Statistic	1.339682	0.9098		
	Group PP-Statistic	−5.92298***	0		
	Group ADF-Statistic	−4.55308***	0		
ADF 检验	ADF	−1.51178*	0.0653		

注：* 代表在 0.1 水平上上显著，** 代表在 0.05 水平上显著，*** 代表在 0.01 水平上显著。

（三）确定影响形式

1. 固定效应和混合效应模型选择

面板数据回归之前需要确定回归模式形式，在固定效应模型和混合效应模型选择中，得到如表8.5、8.6和8.7所示的回归结果，固定效应模型的冗余性检验如表8.8所示，可知Cross-section F 和 Cross-section Chi-square 都通过了 0.01 水平的显著性检验。似然比检验的结果显示，零假设固定效应模型是冗余的，属于小概率事件发生，拒绝冗余，于是摒弃混合效应模型，初步确定为固定效应模型。

表8.5　固定效应回归系数表

Variable	Coefficient	Std. Error	t-Statistic	Prob.
C	2.226506***	0.005527	402.8482	0
IN	−0.01828	0.115964	−0.15764	0.8751

注：* 代表在 0.1 水平上显著，** 代表在 0.05 水平上显著，*** 代表在 0.01 水平上显著。

表8.6　固定效应回归Effects Specification

统计量	统计值	统计量	统计值
R-squared	0.646191	Mean dependent var	2.226506
Adjusted R-squared	0.586602	S.D. dependent var	0.090972
S.E. of regression	0.058491	Akaike info criterion	−2.70093
Sum squared resid	0.325017	Schwarz criterion	−2.2883
Log likelihood	168.2519	Hannan-Quinn criter.	−2.53351
F-statistic	10.84415	Durbin-Watson stat	0.284473
Prob（F-statistic）	0		

表8.7　固定效应常数项

地级市	常数项	地级市	常数项
合肥市	0.186547	六安市	−0.07393
淮北市	−0.00916	马鞍山市	0.045563

地级市	常数项	地级市	常数项
亳州市	−0.07678	芜湖市	0.066114
宿州市	−0.08656	宣城市	0.00181
蚌埠市	−0.02814	铜陵市	0.02927
阜阳市	−0.11601	池州市	0.028491
淮南市	0.017746	安庆市	−0.01828
滁州市	−0.09584	黄山市	0.129142

表8.8　固定效应模型的冗余性检验

Effects Test	Statistic	d.f.	Prob.
Cross-section F	8.443585***	（15，95）	0
Cross-section Chi-square	94.89085***	15	0

注：* 代表在 0.1 水平上显著，** 代表在 0.05 水平上显著，*** 代表在 0.01 水平上显著。

2. 固定效应和随机效应模型选择

进一步确定固定效应模型和随机效应模型，在对原变量随机效应的基础上做 Hausman Test，检验结果如表 8.9 所示，Cross-section random 的统计量为 0.384613，显著性水平为 0.5351，P 值大于 0.05，接受原假设，随机影响模型中个体影响与解释变量不相关，可以将模型设定为随机效应模型。

表8.9　Hausman Test

Test Summary	Chi-Sq. Statistic	Chi-Sq. d.f.	Prob.
Cross-section random	0.384613	1	0.5351

注：* 代表在 0.1 水平上显著，** 代表在 0.05 水平上显著，*** 代表在 0.01 水平上显著。

3. 回归分析

考虑到上述检验使用随机效应模型，变截距和变系数一般是用固定效应模型分析。如果上述步骤检验以后得到的是随机效应模型，一般就不需要进行变系数模型、固定影响模型、不变参数模型的选择了，可以直接通过 PCSE 方法进行随机效应回归分析得到结果。

估计方法采用 PCSE 面板校正标准误差（Panel Corrected Standard Errors）方法。Beck 和 Katz（1995）引入的 PCSE 估计方法是面板数据模型估计方法的一个创新，可以有效地处理复杂的面板误差结构，如同步相关、异方差、序列相关等，在样本量不够大时尤为有用。考虑到创新对产业结构优化升级的影响中，资本和劳动者数量的影响不明显，所以本研究中只对创新和产业结构优化升级两个变量进行回归分析。回归结果如表 8.10 所示。可见，创新对产业结构优化升级的影响系数为 0.052132，显著性水平为 0.0044，通过了 0.01 水平的显著性检验。说明创新对产业结构优化升级具有显著的影响作用，从而原假设中"H2：创新对产业结构优化升级具有正向的驱动作用"得到了验证。

表8.10　随机效应回归系数

Variable	Coefficient	Std. Error	t-Statistic	Prob.
C	2.226506***	0.016551	134.5242	0
IN	0.052132***	0.017925	2.908398	0.0044

注：* 代表在 0.1 水平上上显著，** 代表在 0.05 水平上显著，*** 代表在 0.01 水平上显著。

如表 8.11 所示，随机效应回归的常数项中较大的为黄山市、池州市和马鞍山市，分别为 0.140062、0.051252、0.03885，常数项较小的为宿州市、阜阳市和滁州市，分别为 –0.051554、–0.08306、–0.089721。如表 8.12 所示，回归方程调整后的可决系数为 0.33981，回归残差标准误差（S.E. of regression）为 0.058327，较小，F 统计量显著水平为 0.028848，通过了 0.05 水平的检验。

表8.11　随机效应回归常数项

地级市	常数项	地级市	常数项
合肥市	0.014897	六安市	–0.04727
淮北市	0.010738	马鞍山市	0.03885
亳州市	–0.04136	芜湖市	0.008575
宿州市	–0.0515514	宣城市	0.01423

地级市	常数项	地级市	常数项
蚌埠市	−0.02713	铜陵市	0.035846
阜阳市	−0.08306	池州市	0.051252
淮南市	0.029675	安庆市	−0.00403
滁州市	−0.089721	黄山市	0.140062

表8.12　Effects Specification

		S.D.	Rho
Cross−section random		0.062601	0.5339
Idiosyncratic random		0.058491	0.4661
Weighted Statistics			
R−squared	0.42684	Mean dependent var	0.741421
Adjusted R−squared	0.33981	S.D. dependent var	0.059344
S.E. of regression	0.058327	Sum squared resid	0.374231
F−statistic	4.904553	Durbin−Watson stat	0.252344
Prob（F−statistic）	0.028848		
Unweighted Statistics			
R−squared	0.174072	Mean dependent var	2.226506
Sum squared resid	0.758717	Durbin−Watson stat	0.124466

四、产业结构优化升级对创新的影响效应分析

考虑到产业结构优化升级对创新的影响作用存在变量之间的时间间隔，即前一年度的产业结构优化升级会对本年度的创新产生积极影响作用，因此，本研究使用2011—2016年度的产业结构优化升级对2012—2017年度的创新数据进行实证分析，以考察两者之间的影响关系。

（一）固定效应和混合效应的选择

对创新（IN）和产业结构优化升级（IU）的数据做固定效应冗余检验，检验结果如表 8.13 所示，Cross-section F 和 Cross-section Chi-square 统计量分别为 924.0633 和 496.6144，显著性水平都为 0，通过了 0.01 水平的显著性检验，似然比检验的结果显示，零假设固定效应模型是冗余的，属于小概率事件发生，拒绝冗余，于是摒弃混合效应模型，初步选择固定效应模型。

表8.13　固定效应的冗余性检验

Effects Test	Statistic	d.f.	Prob.
Cross-section F	924.0633***	（15，79）	0
Cross-section Chi-square	496.6144***	15	0

注：*代表在 0.1 水平上显著，**代表在 0.05 水平上显著，***代表在 0.01 水平上显著。

（二）固定效应和随机效应的选择

首先就产业结构优化升级对创新的影响做随机效应分析，结果如表8.14所示，IU 系数为 −0.02837，显著性水平为 0.805，P 值大于 0.05，说明产业结构优化升级对创新的影响不显著。进一步对产业结构优化升级和创新的随机效应做 Hausman 检验，检验结果如表 8.15 所示，Cross-section random 的 Chi-Sq. Statistic 统计量为 5.156345，显著水平为 0.0232，通过了 0.05 水平的显著性检验，P 值小于 0.05，所以拒绝原假设，应建立固定效应模型。

表8.14　随机效应影响系数

Variable	Coefficient	Std. Error	t-Statistic	Prob.
C	0.062789	0.298494	0.210352	0.8338
IU	−0.02837	0.114576	−0.24759	0.805

注：*代表在 0.1 水平上显著，**代表在 0.05 水平上显著，***代表在 0.01 水平上显著。

表8.15　Hausman检验

Test Summary	Chi-Sq. Statistic	Chi-Sq. d.f.	Prob.
Cross-section random	5.156345**	1	0.0232

注：*代表在 0.1 水平上显著，**代表在 0.05 水平上显著，***代表在 0.01 水平上显著。

（三）确定模型形式

面板数据的模型形式包括变系数模型、固定影响模型和不变参数模型。构建 F 统计量，需构建变参数模型得残差平方和 $S_1=0.076819$，构建变截距模型得残差平方和 $S_2=0.209125$，构建不变参数模型得残差平方和 $S_3=36.90114$，截面个体数 $N=16$，考察时期数 $T=6$，解释变量 $k=1$，构建的 F 统计量分别为：

$$F_2 = \frac{(S_3 - S_1)/[(N-1)(k+1)]}{S_1/(NT - N(k+1))} \sim F[(N-1)(k+1), N(T-k-1)] ,$$

$$F_1 = \frac{(S_2 - S_1)/[(N-1)k]}{S_1/(NT - N(k+1))} \sim F[(N-1)k, N(T-k-1)] ,$$

计算可以得到：$F_2=1022.644807$；$F_1=7.348515341$，查找临界值：

$$F_{2,0.05}(30,64) = 0.577104 ,$$

$$F_{1,0.05}(15,64) = 0.464154 ,$$

由此可以判断：

$$F_1 > F_{1,0.05}(15,64) ,$$

$$F_2 > F_{2,0.05}(30,64) ,$$

因此，模型应采用变系数的形式。

（四）回归分析

通过固定效应变系数模型回归分析，同样采用 PCSE 回归法对产业结构优化升级和创新做回归分析，得到表 8.16 所示的结果，由此可知合肥市产业结构优化升级对创新的影响系数为 2.068994，通过了 0.01 水平的显著性检验；亳州市影响系数为 0.522，通过了 0.01 水平的显著性检验；宿州市影响系数为 0.345927，通过了 0.01 水平的显著性检验；阜阳市影响系数为 1.12147，通过了 0.01 水平的显著性检验；六安市影响系数为 0.761442，通过了 0.01 水平的显著性检验；池州市影响系数为 0.548841，通过了 0.01 水平的显著性检验，说明产业结构优化升级对创新产生了积极的影响作用。安庆市和黄山市影响系数没有通过显著性检验，但是影响系数为正数；淮北市、蚌埠市、淮南市、滁州市、马鞍山市、芜湖市、宣城市、铜陵市影响系数为负数，说明这些地级市产业结构优化升级对创新产生了不同程度的抑制作用。原因分析认为这些地级市为工业型城市，随着产业结构优化升级过程中第二产业和第三产业比重持续增加，尤其是第三产业的发展相对于第二产业增长趋势更大，而创新成果则更多体现于第二产业中，第三产业的发展在一定程度上抑制了创新的发展，或者第三产业的迅速发展，暂时性地表现出了与创新发展的不同步性。

表8.16　固定效应变系数模型回归结果

Variable	Coefficient	Std. Error	t–Statistic	Prob.
C	−0.11579	0.183005	−0.63273	0.5292
合肥市	2.068994***	0.566405	3.652853	0.0005
淮北市	−0.26128	0.427079	−0.61178	0.5428
亳州市	0.522***	0.184548	2.828537	0.0062
宿州市	0.345927***	0.094541	3.659025	0.0005
蚌埠市	−0.69693**	0.329981	−2.11204	0.0386
阜阳市	1.12147***	0.140585	7.977189	0
淮南市	−0.41874	0.357804	−1.1703	0.2462
滁州市	−1.43488***	0.4475	−3.20643	0.0021
六安市	0.761442***	0.204477	3.723843	0.0004
马鞍山市	−0.05138	0.260769	−0.19701	0.8444
芜湖市	−1.64902***	0.405579	−4.06585	0.0001
宣城市	−0.07677	0.322288	−0.23821	0.8125
铜陵市	−0.42251*	0.227643	−1.85604	0.0681
池州市	0.548841***	0.187695	2.924114	0.0048
安庆市	0.241494	0.46647	0.517706	0.6064
黄山市	0.173316	0.173082	1.001351	0.3204

注：* 代表在 0.1 水平上显著，** 代表在 0.05 水平上显著，*** 代表在 0.01 水平上显著。

从固定效应变系数模型的常数项上看，如表 8.17 所示，常数项较大的地级市为芜湖市的 4.648945、滁州市的 3.243989 和蚌埠市的 1.682351，而常数项较小的地级市为六安市的 −1.81066、合肥市的 −2.36035 和阜阳市的 −2.56164。

表8.17　固定效应常数项

地级市	常数项	地级市	常数项
合肥市	−2.36035	六安市	−1.81066

地级市	常数项	地级市	常数项
淮北市	0.376627	马鞍山市	0.263718
亳州市	−1.43623	芜湖市	4.648945
宿州市	−1.02783	宣城市	0.085994
蚌埠市	1.682351	铜陵市	0.905691
阜阳市	−2.56164	池州市	−1.53305
淮南市	0.82705	安庆市	−0.60254
滁州市	3.243989	黄山市	−0.70208

回归结果中统计量分布情况如表8.18所示，调整后的可决系数为0.9975，F-statistic值为1223.702，通过了0.01水平的显著性检验。Durbin-Watson统计量值为2.297353，可以认为不存在（一阶）自相关性。

表8.18　Effects Specification

统计量	统计值	统计量	统计值
R-squared	0.998316	Mean dependent var	0.0000
Adjusted R-squared	0.9975	S.D. dependent var	0.692893
S.E. of regression	0.034645	Akaike info criterion	−3.62611
Sum squared resid	0.076819	Schwarz criterion	−2.77133
Log likelihood	206.0534	Hannan-Quinn criter.	−3.2806
F-statistic	1223.702	Durbin-Watson stat	2.297353
Prob（F-statistic）	0		

由此可知，研究假设中"H3：产业结构优化升级对创新具有积极的影响作用"得到部分验证，从整体上说产业结构优化升级对创新的积极作用显著，从空间差异角度上看，安徽省部分地区产业结构优化升级对创新发挥了积极促进作用，还有部分地区尚未发挥显著的促进作用。随着经济工业发展以及安徽省产业结构日渐优化，产业结构中虽然三大产业产出情况较以前有所增加，并且第二产业和第三产业发展速度超过了第一产业发展的速度，但部分地区第二产业创新和第三产业创新还没有得到有效的驱动。

第二节 安徽省产业结构优化升级与区域经济发展关系实证分析

一、相关分析

产业结构高级化，有利于带来更高的产出和效益。产业结构处于持续性的动态调整中，高效、先进的产业会日益增多，规模也逐渐增大，各个相关产业或配套产业可以实现资源共享、信息共享、互通有无、取长补短，这种集聚一起的规模效应实现的整体产出效果远远大于每一个企业或产业部门个体产出总和。部分产业得到优先快速的发展，逐渐形成了具有显著优势的主导产业或强势产业，并且随着产业的逐步进化升级，一些配套的产业和服务部门会向周边扩散，发挥主导产业的扩散效应，从而带动了周边地区经济发展。从安徽省产业结构优化升级与区域经济发展数据上看，产业结构优化升级与区域经济发展具有较高的相关性，如表 8.19 所示。2011 年到 2017 年产业结构优化升级与区域经济发展呈现出较高的相关性，除了 2014 年相关系数为 0.369 没有通过显著性检验以外，其他年度的相关系数都通过了 0.1 水平的显著性检验，其中 2011 年和 2012 年相关系数通过了 0.05 水平的显著性检验。

表8.19 产业结构优化升级与区域经济发展Pearson相关性

	年度	区域经济发展
产业结构优化升级	2011	0.504**
	2012	0.509**
	2013	0.475*
	2014	0.369
	2015	0.420*
	2016	0.418*
	2017	0.421*

注：* 代表在 0.1 水平上（双侧）上显著相关，** 代表在 0.05 水平（双侧）上显著相关，*** 代表在 0.01 水平（双侧）上显著相关。

二、产业结构优化升级对区域经济发展影响效应分析

（一）固定效应和混合效应模型选择

首先确定模型是固定效应模型还是混合效应模型，混合效应模型不考虑时间和空间个体的差异，固定效应模型考察了个体之间的差异（本研究不考察时间节点的差异性）。利用固定效应模型的冗余性检验判断模型的具体形式，冗余性检验的分析结果如表 8.20 所示，Cross-section F 和 Cross-section Chi-square 的统计量分别为 2338.281 和 662.3736，都通过了 0.01 水平的显著性检验，拒绝冗余，于是摒弃混合效应模型，初步确定为固定效应模型。

表8.20　冗余性检验

Effects Test	Statistic	d.f.	Prob.
Cross-section F	2338.281***	（15，95）	0
Cross-section Chi-square	662.3736***	15	0

注：*代表在 0.1 水平上显著，**代表在 0.05 水平上显著，***代表在 0.01 水平上显著。

（二）固定效应与随机效应模型选择

随机效应考察了截面随机误差项和时间随机误差项的平均效应，在面板数据模型形式的选择方法及随机效应的基础上，采用 Hausman 检验确定应该建立随机效应模型还是固定效应模型。Hausman 检验结果如表 8.21 所示。Hausman 检验中 Cross-section random 的 Chi-Sq. Statistic 统计量为 3.58551，显著性水平为 0.0583，通过了 0.1 水平的显著性检验，所以拒绝原假设，应建立固定效应模型。

表8.21　Hausman检验

Test Summary	Chi-Sq. Statistic	Chi-Sq. d.f.	Prob.
Cross-section random	3.58551*	1	0.0583

注：*代表在 0.1 水平上显著，**代表在 0.05 水平上显著，***代表在 0.01 水平上显著。

（三）确定模型形式

确定固定效应以后还需要进一步确定模型形式，面板数据的模型形式包括变

系数模型、固定影响模型和不变参数模型。构建 F 统计量，需构建变参数模型得残差平方和 $S_1=0.036892$，构建变截距模型得残差平方和 $S_2=0.123489$，构建不变参数模型得残差平方和 $S_3=45.71583$，截面个体数 $N=16$，考察时期数 $T=7$，解释变量 $k=1$，构建的 F 统计量分别为：

$$F_2 = \frac{(S_3 - S_1)/[(N-1)(k+1)]}{S_1/(NT - N(k+1))} \sim F[(N-1)(k+1), N(T-k-1)] ,$$

$$F_1 = \frac{(S_2 - S_1)/[(N-1)k]}{S_1/(NT - N(k+1))} \sim F[(N-1)k, N(T-k-1)] ,$$

计算可以得到：$F_2=3301.813437$；$F_1=12.51899237$，查找临界值：

$F_{2,0.05}(30,80) = 0.584091$ ，

$F_{1,0.05}(15,80) = 0.467873$ ，

由此可以判断：

$F_1 > F_{1,0.05}(15,80)$ ，

$F_2 > F_{2,0.05}(30,80)$ ，

因此，模型应采用变系数的形式。

（四）回归分析

通过固定效应变系数模型进行回归分析，得到如表 8.22 所示结果，由此可知合肥市、亳州市、宿州市、蚌埠市、阜阳市、滁州市产业结构优化升级对区域经济发展的影响系数都通过了 0.01 水平的显著性检验，说明这几个地级市产业结构优化升级对区域经济发展具有积极的正向促进作用；而宣城市影响系数通过了 0.05 水平的显著性检验，淮北市、芜湖市、铜陵市、池州市和黄山市都没有通过显著性检验，说明这几个地级市产业结构优化升级对区域经济发展没有发挥积极的促进作用；淮南市、六安市、马鞍山市、铜陵市和安庆市的 t-Statistic 值都为负数，说明这几个地级市的产业结构优化升级对区域经济发展产生了抑制作用。原因分析认为淮南市、六安市、马鞍山市、铜陵市和安庆市是安徽省主要的工业城市，工业在经济发展中发挥主要作用，在产业结构优化升级过程中，服务业产出比重加大，而服务业相对于第二产业对经济的贡献则相对较小，从而在一定程度上抑制了区域经济总体产出的增加。

表8.22 固定效应变系数模型回归结果

Variable	Coefficient	Std. Error	t–Statistic	Prob.
C	0.083549	0.09794	0.853066	0.3962
合肥市	0.185963***	0.068891	2.699375	0.0085
淮北市	0.069652	0.101032	0.689409	0.4926
亳州市	0.304317***	0.05006	6.079015	0
宿州市	0.336533***	0.066395	5.068687	0
蚌埠市	0.484624***	0.123232	3.932624	0.0002
阜阳市	0.698972***	0.186707	3.743684	0.0003
淮南市	−0.52683*	0.275608	−1.91153	0.0595
滁州市	0.546313***	0.066644	8.197458	0
六安市	−0.51791***	0.174578	−2.96663	0.004
马鞍山市	−1.36208***	0.286425	−4.75544	0
芜湖市	0.019872	0.079682	0.249386	0.8037
宣城市	0.2115**	0.098902	2.138484	0.0355
铜陵市	−0.31979	0.373361	−0.85651	0.3943
池州市	0.050958	0.148026	0.344251	0.7316
安庆市	−0.73844***	0.180152	−4.09897	0.0001
黄山市	0.042345	0.121832	0.347569	0.7291

注：* 代表在 0.1 水平上显著，** 代表在 0.05 水平上显著，*** 代表在 0.01 水平上显著。

从固定效应变系数模型的常数项上看，如表 8.23 所示，常数项较大的地级市为马鞍山市的 2.995146、合肥市的 1.979325 和安庆市的 1.55611，而常数项较小的地级市为蚌埠市的 −1.24187、滁州市的 −1.33436 和阜阳市的 −1.61491。

表8.23 固定效应常数项

地级市	常数项	地级市	常数项
合肥市	1.979325	六安市	0.853135

地级市	常数项	地级市	常数项
淮北市	−0.65739	马鞍山市	2.995146
亳州市	−1.03159	芜湖市	0.393389
宿州市	−1.06003	宣城市	−0.7444
蚌埠市	−1.24187	铜陵市	0.366372
阜阳市	−1.61491	池州市	−0.68009
淮南市	0.837835	安庆市	1.55611
滁州市	−1.33436	黄山市	−0.61668

回归结果中统计量分布情况如表 8.24 所示，调整后的可决系数为 0.999029，F-statistic 值为 3685.827，通过了 0.01 水平的显著性检验，Durbin-Watson 统计量值为 2.389291，可以认为不存在（一阶）自相关性。

表8.24　Effects Specification

统计量	统计值	统计量	统计值
R-squared	0.9993	Mean dependent var	0.0000
Adjusted R-squared	0.999029	S.D. dependent var	0.689226
S.E. of regression	0.021474	Akaike info criterion	−4.60895
Sum squared resid	0.036892	Schwarz criterion	−3.83223
Log likelihood	290.101	Hannan−Quinn criter.	−4.29381
F-statistic	3685.827	Durbin−Watson stat	2.389291
Prob（F-statistic）	0		

因此，原假设中"H4：产业结构优化升级对区域经济发展具有正向的促进作用"得到了部分验证。从整体上看，安徽省产业结构优化升级对区域经济发展发挥了积极的促进作用；从不同地级市角度上看，部分地级市产业结构优化升级对区域经济发展发挥了积极促进作用。

三、区域经济发展对产业结构优化升级影响效应分析

（一）固定效应和混合效应模型选择

考虑到区域经济发展对产业结构优化升级的影响作用存在变量之间的时间间隔，即前一年度的区域经济发展会对本年度的产业结构优化升级产生积极影响，因此，本研究使用 2011—2016 年度的区域经济发展分别对 2012—2017 年度的产业结构优化升级数据进行实证分析，以考察两者之间的影响关系。

首先在固定效应的基础上对模型做冗余性检验，检验结果如表 8.25 所示，Cross-section F 统计值为 8.258441，Cross-section Chi-square 统计值为 90.54242，都通过了 0.01 水平的显著性检验。似然比检验的结果显示，零假设固定效应模型是冗余的，属于小概率事件发生，拒绝冗余，于是摒弃混合效应模型，初步确定为固定效应模型。

表8.25　冗余性检验

Effects Test	Statistic	d.f.	Prob.
Cross-section F	8.258441***	（15，79）	0
Cross-section Chi-square	90.54242***	15	0

注：* 代表在 0.1 水平上显著，** 代表在 0.05 水平上显著，*** 代表在 0.01 水平上显著。

（二）固定效应和随机效应模型选择

模型在固定效应和随机效应中选择，对随机效应分析结果做 Hausman 检验，结果如表 8.26 所示，Cross-section random 的 Chi-Sq. Statistic 统计值为 0.029221，显著水平为 0.8643，接受原假设随机影响模型中个体影响与解释变量不相关，所以接受原假设，应建立随机效应模型。

表8.26　Hausman检验

Test Summary	Chi-Sq. Statistic	Chi-Sq. d.f.	Prob.
Cross-section random	0.029221	1	0.8643

注：* 代表在 0.1 水平上显著，** 代表在 0.05 水平上显著，*** 代表在 0.01 水平上显著。

（三）回归分析

按照随机效应模型做 PCSE 面板校正标准误差方法回归分析，分析结果如表8.27 所示，常数项影响系数为 2.236621，通过了 0.01 水平的显著性检验；自变量区域经济发展影响系数为 0.047726，通过了 0.01 水平的显著性检验，说明区域经济发展对产业结构优化升级具有显著的促进作用。原假设中"H5：区域经济发展对产业结构优化升级具有积极促进作用"得到了验证。

表8.27 随机效应回归系数

Variable	Coefficient	Std. Error	t-Statistic	Prob.
C	2.236621***	0.017075	130.9904	0
RE?	0.047726***	0.01807	2.6412	0.0097

注：* 代表在 0.1 水平上显著，** 代表在 0.05 水平上显著，*** 代表在 0.01 水平上显著。

随机效应分析常数项如表 8.28 所示，常数项较大的地级市为黄山市的 0.139572、池州市的 0.052178 和马鞍山市的 0.041363，常数项较小的地级市为六安市的 -0.05437、滁州市的 -0.08316 和阜阳市的 -0.09471。

表8.28 地级市常数项

地级市	常数项	地级市	常数项
合肥市	0.016534	六安市	-0.05437
淮北市	0.013685	马鞍山市	0.041363
亳州市	-0.04607	芜湖市	0.024222
宿州市	-0.05407	宣城市	0.012391
蚌埠市	-0.02121	铜陵市	0.037242
阜阳市	-0.09471	池州市	0.052178
淮南市	0.029867	安庆市	-0.01345
滁州市	-0.08316	黄山市	0.139572

随机效应模型统计量如表 8.29 所示，调整后的可决系数为 0.27983，F-statistic 为 3.734888，通过了 0.1 水平的显著性检验。

表8.29 Effects Specification

		S.D.	Rho
Cross-section random		0.064657	0.5667
Idiosyncratic random		0.056541	0.4333
Weighted Statistics			
R-squared	0.38214	Mean dependent var	0.751993
Adjusted R-squared	0.27983	S.D. dependent var	0.057052
S.E. of regression	0.056248	Sum squared resid	0.297404
F-statistic	3.734888	Durbin-Watson stat	0.314086
Prob（F-statistic）	0.056298		
Unweighted Statistics			
R-squared	0.134297	Mean dependent var	2.236621
Sum squared resid	0.648586	Durbin-Watson stat	0.144022

第三节　安徽省创新与区域经济发展的实证分析

一、安徽省创新对区域经济发展的影响分析

（一）描述性统计分析

对安徽省创新、区域经济发展综合因子得分做描述性统计分析，结果如表8.30所示，创新因子得分最小值为 –0.477820，最大值为2.506345，均值为0，标准差为0.693136；区域经济发展最小值为 –0.5041，最大值为2.5155，均值为0，标准差为0.6892，可知创新和区域经济发展在时间维度和空间维度上都有较明显的差异。

表8.30 描述性统计

	最小值	最大值	均值	标准差
IN	–0.477820	2.506345	0	0.693136
RE	–0.5041	2.5155	0	0.6892

（二）相关分析

通过对安徽省创新与区域经济发展进行相关分析，可以认为创新和区域经济发展之间应该存在一种彼此关联、相互影响的关系。如表8.31所示，2011年创新与区域经济发展相关系数为0.973，通过了0.01水平的显著性检验；2012年创新与区域经济发展相关系数为0.969，通过了0.01水平的显著性检验；同样，2013年、2014年、2015年、2016年、2017年的创新与区域经济发展相关系数也通过了0.01水平的显著性检验。由此可知，创新与区域经济发展具有显著的相关性，从而可以判断创新与区域经济发展之间存在一种非确定的相互依存关系。

表8.31　创新与区域经济发展Pearson相关性

	年度	区域经济发展
创新	2011	0.973***
	2012	0.969***
	2013	0.965***
	2014	0.964***
	2015	0.982***
	2016	0.985***
	2017	0.984***

注：* 代表在 0.1 水平上（双侧）上显著相关，** 代表在0.05 水平（双侧）上显著相关，*** 代表在0.01 水平（双侧）上显著相关。

（三）创新对区域经济发展的影响效应分析

创新活动提高了资源利用效率，先进的生产工艺和方法改变了资源的投入结构和方式，降低了产品的生产成本和费用，从而带来了更高的经济效益。新技术具有更强的盈利能力，新产品对消费者需求满足程度更高，自然获得更高的市场效益，新市场增加了行业获利能力的空间和范围。企业产出能力的增加带动了行业和产业产出能力的增加，从而实现了区域经济的产出增加。通过实证分析进一步验证两者之间的影响关系。

通过相关分析可以初步认为创新与区域经济发展之间存在长期均衡和短期波

动关系，这种关系是一种非确定性关系。为了进一步确定创新与区域经济发展的两个变量之间影响关系的存在性以及影响的方向，需要进一步对创新与区域经济发展之间做回归分析。为了防止变量之间出现虚假回归问题，需要在数据的稳定性基础上进行分析。

本研究在分析创新对区域经济发展的影响关系时引入资本 K 和劳动力 L 两个控制变量，资本 K 用固定资产投入量度量，劳动力 L 用就业人员数量度量。

1. 稳定性检验

本研究面板数据的稳定性检验通过 Levin，Lin & Chut、ADF-Fisher Chi-square、PP – Fisher Chi-square 三种方法进行检验。检验结果如表 8.32 所示，可知创新（IN）、资本（K）、劳动力（L）、区域经济发展（RE）在 Levin，Lin & Chut、ADF-Fisher Chi-square、PP – Fisher Chi-square 检验中，都至少在两种或以上检验方法下没有通过显著性检验，说明 IN、K、L、RE 都是非平稳数据。对 IN、K、L、RE 进行一阶差分以后再进行稳定性检验，D（IN）稳定性检验中 Levin，Lin & Chu t 和 PP – Fisher Chi-square 都通过了 0.01 水平的显著性检验，ADF-Fisher Chi-square 通过了 0.1 水平的显著性检验，说明 IN 一阶单整；D（RE）都通过了 0.01 水平的显著性检验，说明 RE 一阶单整；D（K）的稳定性检验中 Levin，Lin & Chu t 方法通过了 0.01 水平的显著性检验，ADF-Fisher Chi-square 方法通过了 0.1 水平的显著性检验，PP – Fisher Chi-square 方法通过了 0.05 水平的显著性检验，说明 K 一阶单整；D（L）都通过了 0.01 水平的显著性检验，说明 L 一阶单整。根据上述检验结果可以判断，$IN \sim I(1)$，$RE \sim I(1)$，$K \sim I(1)$，$L \sim I(1)$，即 IN、RE、K、L 都是一阶单整，因而需要进一步做协整检验。

表8.32　稳定性检验

	Levin，Lin & Chut		ADF–Fisher Chi-square		PP – Fisher Chi-square	
	Statistic	Prob.	Statistic	Prob.	Statistic	Prob.
IN	−1.86881*	0.0308	29.1047	0.6138	35.2418	0.3174
RE	−3.71623***	0.0001	38.0683	0.2126	54.9085***	0.0071
K	0.37044	0.6445	15.8216	0.9925	30.463	0.5444
L	−2.96417***	0.0015	38.8826	0.1874	60.1818***	0.0019
D（IN）	−5.32731***	0	42.7695*	0.0967	56.2594***	0.0051

	Levin，Lin & Chut		ADF–Fisher Chi–square		PP – Fisher Chi–square	
	Statistic	Prob.	Statistic	Prob.	Statistic	Prob.
D（RE）	−13.462***	0	78.0102***	0	107.174***	0
D（K）	−8.88166***	0	45.1494*	0.0616	46.5997**	0.046
D（L）	−11.7565***	0	56.1842***	0.0052	72.4019***	0.0001

注：* 代表在 0.1 水平上（双侧）上显著相关，** 代表在 0.05 水平（双侧）上显著相关，*** 代表在 0.01 水平（双侧）上显著相关。

2. 协整检验

因为 IN ~ I（1），RE ~ I（1），K ~ I（1），L ~ I（1），所以有可能 IN、RE、K、L 之间存在协整关系，因而需要对变量进行协整检验。本研究的协整检验采取 Pedroni 检验和 ADF 检验，通过了协整检验，说明变量之间存在着长期稳定的均衡关系，可以在此基础上直接对原方程进行回归。检验结果如表 8.33 所示。在 Pedroni 检验中，Panel PP-Statistic、Panel ADF-Statistic 都通过了 0.01 水平的显著性检验，Group rho-Statistic 显著性水平为 0.9998，Group PP-Statistic 和 Group ADF-Statistic 通过了 0.01 水平的显著性检验，ADF 检验通过了 0.05 水平的显著性检验，可以认为 IN、RE、K、L 之间存在协整关系，其方程回归残差是平稳的，可以进一步做回归分析。

表8.33　协整检验

检验方法	统计量名	统计值	显著性	Weighted	
		Statistic	Prob.	Statistic	Prob.
Pedroni 检验	Panel v-Statistic	−1.409	0.9206	−2.58622	0.9951
	Panel PP-Statistic	−9.83063***	0	−12.4612***	0
	Panel ADF-Statistic	−4.54789***	0	−6.82403***	0
	Group rho-Statistic	4.346829	0.9998		
	Group PP-Statistic	−16.7521***	0		
	Group ADF-Statistic	−9.0768***	0		

检验方法	统计量名	统计值	显著性	Weighted	
ADF 检验	ADF	−2.09232**	0.0182		

注：* 代表在 0.1 水平上（双侧）上显著相关，** 代表在 0.05 水平（双侧）上显著相关，*** 代表在 0.01 水平（双侧）上显著相关。

3.确定影响形式

（1）固定效应和混合效应模型选择

同样在面板数据回归前确定回归模式形式，在固定效应模型和混合效应模型选择中，冗余性检验得到如表 8.34 所示结果，可知 Cross-section F 和 Cross-section Chi-square 都通过了 0.01 水平的显著性检验，似然比检验的结果显示，零假设固定效应模型是冗余的，属于小概率事件发生，拒绝冗余，于是摒弃混合效应模型，初步确定为固定效应模型。

表8.34　固定效应模型的冗余性检验

Effects Test	Statistic	d.f.	Prob.
Cross-section F	45.29781***	（15，93）	0
Cross-section Chi-square	237.1029***	15	0

注：* 代表在 0.1 水平上显著，** 代表在 0.05 水平上显著，*** 代表在 0.01 水平上显著。

（2）固定效应和随机效应模型选择

进一步确定固定效应模型和随机效应模型，在对原变量随机效应的基础上做 Hausman Test，检验结果如表 8.35 所示，Cross-section random 的统计量为 0，显著性水平为 1，P 值大于 0.05，接受原假设，随机影响模型中个体影响与解释变量不相关，可以将模型设定为随机效应模型。

表8.35　Hausman Test

Test Summary	Chi-Sq. Statistic	Chi-Sq. d.f.	Prob.
Cross-section random	0	3	1

注：* 代表在 0.1 水平上显著，** 代表在 0.05 水平上显著，*** 代表在 0.01 水平上显著。

（3）回归分析

直接通过 PCSE 方法进行随机效应回归分析得到结果，如表 8.36 所示。可见，安徽省资本对区域经济发展的促进作用没有通过显著性检验，劳动力对区域经济发展通过了 0.01 水平的显著性检验，创新对区域经济发展的影响系数为 0.792616，显著性水平为 0，通过了 0.01 水平的显著性检验。说明安徽省创新对区域经济发展具有显著的影响作用，从而原假设中"H6：创新对区域经济发展具有正向驱动作用"得到了验证。

表8.36　随机效应回归系数

Variable	Coefficient	Std. Error	t–Statistic	Prob.
C	−0.22015***	0.047535	−4.63126	0
K	0.0000	0.0000	0.585181	0.5596
L	0.000771***	0.000132	5.830407	0
IN	0.792616***	0.059965	13.21791	0

注：* 代表在 0.1 水平上显著，** 代表在 0.05 水平上显著，*** 代表在 0.01 水平上显著。

如表 8.37 所示，随机效应回归的常数项中较大的为合肥市 0.354072、安庆市 0.062647、马鞍山市 0.060646，常数项最小的为芜湖市 −0.07391、蚌埠市 −0.08274、滁州市 −0.15204。如表 8.38 所示，回归方程调整后的可决系数为 0.823909，回归残差标准误差（S.E. of regression）为 0.052477，较小，F 统计量显著水平为 174.1184，通过了 0.01 水平的检验。

表8.37　随机效应回归常数项

地级市	常数项	地级市	常数项
合肥市	0.354072	六安市	−0.04621
淮北市	−0.05561	马鞍山市	0.060646
亳州市	−0.00523	芜湖市	−0.07391
宿州市	−0.00718	宣城市	0.022768
蚌埠市	−0.08274	铜陵市	0.003748
阜阳市	−0.07132	池州市	−0.02504

地级市	常数项	地级市	常数项
淮南市	−0.00984	安庆市	0.062647
滁州市	−0.15204	黄山市	0.025228

表8.38　Effects Specification

		S.D.	Rho
Cross-section random		0.074408	0.8188
Idiosyncratic random		0.035006	0.1812
Weighted Statistics			
R-squared	0.828668	Mean dependent var	0.0000
Adjusted R-squared	0.823909	S.D. dependent var	0.125055
S.E. of regression	0.052477	Sum squared resid	0.297417
F-statistic	174.1184	Durbin-Watson stat	0.814273
Prob（F-statistic）	0		
Unweighted Statistics			
R-squared	0.969615	Mean dependent var	7.55E−08
Sum squared resid	1.602163	Durbin-Watson stat	0.151157

二、安徽省区域经济发展对创新的影响分析

考虑到区域经济发展对创新的影响作用存在变量之间的时间间隔，即前一年度的区域经济发展会对本年度的创新产生积极影响。因此，本研究使用2011—2016年度的区域经济发展分别对2012—2017年度的创新数据进行实证分析，以考察两者之间的影响关系。

（一）确定影响形式

确定模型的影响形式，首先在固定效应的基础上对模型做冗余性检验，检验结果如表8.39所示，Cross-section F 的统计值为52.34831，Cross-section Chi-square 统计值为229.669，都通过了0.01水平的显著性检验，似然比检验的结果

显示，零假设固定效应模型是冗余的，属于小概率事件发生，拒绝冗余，于是摒弃混合效应模型，初步确定为固定效应模型。

表8.39 冗余性检验

Effects Test	Statistic	d.f.	Prob.
Cross-section F	52.34831***	（15，79）	0
Cross-section Chi-square	229.669***	15	0

注：*代表在 0.1 水平上显著，**代表在 0.05 水平上显著，***代表在 0.01 水平上显著。

对原模型做随机效应分析，并在随机效应分析的基础上做 Hausman 检验，检验结果如表 8.40 所示，Cross-section random 统计值为 35.29，通过了 0.01 水平的显著性检验，所以接受原假设，应建立固定效应模型。

表8.40 Hausman检验

Test Summary	Chi-Sq. Statistic	Chi-Sq. d.f.	Prob.
Cross-section random	35.29***	1	0

注：*代表在 0.1 水平上显著，**代表在 0.05 水平上显著，***代表在 0.01 水平上显著。

（二）确定模型形式

为了对模型做回归分析需要进一步确定模型形式，面板数据的模型形式包括变系数模型、固定影响模型和不变参数模型。构建 F 统计量，需要构建变参数模型得残差平方和 $S_1 = 0.144438$，构建变截距模型得残差平方和 $S_2 = 0.209116$，构建不变参数模型得残差平方和 $S_3 = 2.287634$，截面个体数 $N=16$，考察时期数 $T=6$，解释变量 $k=1$，构建 F 统计量（和上文中 F 统计量一致），计算可以得到：$F_2 = 31.6547686$；$F_1 = 1.910573856$，查找临界值：

$F_{2,0.05}(30,64) = 0.577104$，

$F_{1,0.05}(15,64) = 0.464154$，

由此可以判断：

$F_1 > F_{1,0.05}(15,64)$，

$F_2 > F_{2,0.05}(30,64)$，

因此，模型应采用变系数的形式。

（三）回归分析

对安徽省区域经济发展影响创新模型做固定效应变系数 PCSE 回归分析，得到如表 8.41 所示结果。由此可知，合肥市、亳州市、宿州市、阜阳市区域经济发展对创新发展发挥了积极有效的促进作用，其中合肥市区域经济发展对创新的影响系数为 5.366802，为全省最高；淮南市、马鞍山市、宣城市、池州市、黄山市区域经济发展对创新影响系数没有通过显著性检验，说明这几个地级市区域经济发展对创新发展还没有达到显著的促进作用；淮北市、蚌埠市、滁州市、六安市、芜湖市、铜陵市和安庆市影响系数为负，分析认为这几个地级市区域经济发展在一定程度上抑制了创新发展，或者区域经济发展与创新的发展表现出了不协调的影响关系。

因此，原假设中"H7：区域经济发展对创新具有积极促进作用"得到了部分验证，认为从整体上看安徽省区域经济发展对创新发挥了积极的促进作用，从不同的空间差异角度看，部分地区区域经济发展对创新具有积极促进作用。

表8.41　固定效应变系数模型PCSE回归结果

Variable	Coefficient	Std. Error	t-Statistic	Prob.
C	−0.72384	0.511802	−1.41429	0.1621
合肥市	5.366802*	3.122088	1.718978	0.0905
淮北市	−0.81143	1.517507	−0.53471	0.5947
亳州市	1.395598*	0.738342	1.890177	0.0633
宿州市	0.889534***	0.093569	9.506746	0
蚌埠市	−0.56737	0.679467	−0.83502	0.4068
阜阳市	1.340931***	0.401666	3.338423	0.0014
淮南市	0.442691	0.379412	1.166781	0.2476
滁州市	−2.42395***	0.907524	−2.67095	0.0096
六安市	−0.79634**	0.305294	−2.60845	0.0113
马鞍山市	0.003112	0.16464	0.018903	0.985
芜湖市	−2.86239	4.408811	−0.64924	0.5185
宣城市	0.433532	0.840499	0.515803	0.6078

Variable	Coefficient	Std. Error	t–Statistic	Prob.
铜陵市	−0.29979	0.372089	−0.8057	0.4234
池州市	0.139227	0.840459	0.165656	0.8689
安庆市	−0.45753	0.490217	−0.93333	0.3542
黄山市	0.430914	0.505551	0.852366	0.3972

注：* 代表在 0.1 水平上显著，** 代表在 0.05 水平上显著，*** 代表在 0.01 水平上显著。

安徽省各个地级市的区域经济发展影响创新模型常数项如表 8.42 所示，常数项较大的地级市为芜湖市的 3.024519、马鞍山市的 0.755637 和蚌埠市的 0.713448，常数项较小的地级市分别为六安市的 0.288057、淮北市的 0.06745 和合肥市的 −10.2972。

表8.42　地级市常数项

地级市	常数项	地级市	常数项
合肥市	−10.2972	六安市	0.288057
淮北市	0.06745	马鞍山市	0.755637
亳州市	0.704051	芜湖市	3.024519
宿州市	0.546301	宣城市	0.605706
蚌埠市	0.713448	铜陵市	0.482689
阜阳市	0.490993	池州市	0.376465
淮南市	0.61414	安庆市	0.543721
滁州市	0.585008	黄山市	0.499002

回归模型的统计量如表 8.43 所示，调整可决系数为 0.995299，F-statistic 为 649.8551，通过了 0.01 水平的显著性检验；Durbin-Watson stat 为 1.825398，接近 2，不存在一阶自相关。

表8.43　Effects Specification

统计量	统计值	统计量	统计值
R-squared	0.996833	Mean dependent var	0.0000
Adjusted R-squared	0.995299	S.D. dependent var	0.692893
S.E. of regression	0.047506	Akaike info criterion	−2.99471
Sum squared resid	0.144438	Schwarz criterion	−2.13993
Log likelihood	175.7462	Hannan-Quinn criter.	−2.6492
F-statistic	649.8551	Durbin-Watson stat	1.825398
Prob（F-statistic）	0		

第四节　安徽省创新驱动产业结构优化升级与区域经济发展中介效应分析

创新带动区域的产业结构向高级化转变，从而促使产业机构的优化与升级；创新的过程可以看成是引领产业结构持续性的优化与升级的过程。产业结构越发合理和高级化，企业从事生产活动的资源越会集中到新的产业之中，在资源配置的作用下，产业结构中产出能力较强的环节和部分会积累更多的资源，新的产业生产效率和管理效率也相对更高，从而提高了资源的利用效率，带来更高的产出和效益，带动了周边地区经济发展。而且，创新有利于企业产出能力增加，并带动了行业和产业产出能力的增加，从而实现区域经济的产出增加。基于此考虑，产业结构优化升级在创新影响区域经济发展过程中发挥了中介效应。

一、分析方法

本研究以产业结构优化升级作为中介变量，创新作为自变量，资本和劳动力作为控制变量，区域经济发展作为因变量进行中介效应分析。中介效应考察了创新和区域经济发展两个变量间的影响关系（IN → RE）不是直接的因果链关系，而是通过一个中介变量——产业结构优化升级（IU）的间接影响产生的。创新（IN）通过中介变量——产业结构优化升级（IU）对区域经济发展（RE）产生的间接影响称为中介效应。中介效应采取依次检验法进行分析，分析过程采取温忠麟（2004）等提出的一个新的检验中介效应的程序，如图8.1所示。

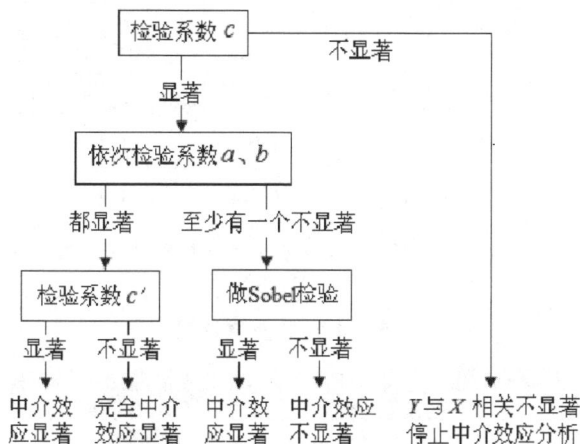

图 8.1　中介效应分析过程

二、中介效应分析

由于中介效应分析一般都是针对于截面数据，因此，本研究针对 2017 年安徽省各个地级市的创新综合因子得分、产业结构优化升级、区域经济发展综合因子得分数据进行中介效应分析。

首先，对创新影响区域经济发展模型进行分析。创新为自变量，区域经济发展为自变量，资本和劳动力为控制变量，回归模型为：

$$RE = C \times IN + e$$

回归结果如表 8.44 所示，创新 IN 系数 C 为 0.800，通过了 0.01 水平的显著性检验，说明安徽省创新对区域经济发展具有显著的影响作用；控制变量 K 没有通过显著性检验，劳动力影响系数为 0.001，通过了 0.01 水平的显著性检验。模型统计量如表 8.45 所示，F 统计量通过了 0.01 水平显著性检验，调整可决系数为 0.993。

表8.44　回归系数

模型 B		非标准化系数		标准系数	t	Sig.
		标准误差	试用版			
RE=C*IN+e	（常量）	−0.308	0.100		−3.068	0.010
	IN	0.800***	0.107	0.808	7.450	0.000

续　表

模型 B		非标准化系数		标准系数	t	Sig.
		标准误差	试用版			
RE=C*IN+e	K	0.0000	0.000	0.121	1.085	0.299
	L	0.001***	0.000	0.161	6.324	0.000

注：* 代表在 0.1 水平上显著，** 代表在 0.05 水平上显著，*** 代表在 0.01 水平上显著。

表8.45　模型统计量

统计量	F	R	R 方	调整 R 方	标准估计的误差
统计值	664.820***	0.997ᵃ	0.994	0.993	0.06148

注：* 代表在 0.1 水平上显著，** 代表在 0.05 水平上显著，*** 代表在 0.01 水平上显著。

其次，对创新影响产业结构优化升级模型进行分析。创新为自变量，产业结构优化升级为自变量，回归模型为：

$$IU = a \times IN + e$$

回归结果如表 8.46 所示，创新影响系数 a 为 0.049，通过了 0.05 水平显著性检验，说明安徽省创新对产业结构优化升级具有显著的促进作用。模型统计量中 F 统计值为 4.84。通过了 0.05 水平显著性检验，调整后的可决系数为 0.204，如表 8.47 所示。

表8.46　回归结果

模型 B		非标准化系数		标准系数	t	Sig.
		标准误差	试用版			
IU=a*IN+e	（常量）	2.305	0.015		150.181	0.000
	IN	0.049**	0.022	0.507	2.200	0.045

注：* 代表在 0.1 水平上显著，** 代表在 0.05 水平上显著，*** 代表在 0.01 水平上显著。

表8.47　模型统计量

统计量	F	R	R 方	调整 R 方	标准估计的误差
统计值	4.840**	0.507ᵃ	0.257	0.204	0.06140

注：* 代表在 0.1 水平上显著，** 代表在 0.05 水平上显著，*** 代表在 0.01 水平上显著。

最后，对创新和产业结构优化升级影响区域经济发展模型进行分析。创新为自变量，产业结构优化升级为中介变量，资本和劳动力为控制变量，回归模型为：

$$RE = C' \times IN + b \times IU + e$$

回归结果如表 8.48 所示，产业结构优化升级影响系数 b 为 0.583，显著水平为 0.108，适当放宽条件可以认为通过了 0.1 水平的显著性检验，并且上述中创新影响产业结构优化升级系数 a 通过了显著性检验；中介模型中 C' 影响系数为 0.704，通过了 0.01 水平显著性检验。因此，创新和产业结构优化升级影响区域经济发展为部分中介效应，即安徽省创新影响区域经济发展，并且创新通过产业结构优化升级影响区域经济发展，产业结构优化升级中介效果存在，且发挥了部分中介的作用。因此，原假设中"H8：在产业结构优化升级作为中介变量作用下，创新对区域经济发展具有积极影响"得到了验证。

表8.48　回归结果

模型		非标准化系数		标准系数	t	Sig.
		B	标准误差	试用版		
RE=C'*IN+b*IU+e	（常量）	−1.744	0.904		−1.930	0.080
	IN	0.704***	0.117	0.711	6.002	0.000
RE=C'*IN+b*IU+e	IU	0.583*	0.365	0.056	1.598	0.108
	K	0.0000	0.000	0.179	1.611	0.135
	L	0.001***	0.000	0.192	6.211	0.000

注：* 代表在 0.1 水平上显著，** 代表在 0.05 水平上显著，*** 代表在 0.01 水平上显著。

表8.49　模型统计量

统计量	F	R	R 方	调整 R 方	标准估计的误差
统计值	563.802***	0.998[a]	0.995	0.993	0.05785

注：* 代表在 0.1 水平上显著，** 代表在 0.05 水平上显著，*** 代表在 0.01 水平上显著。

第五节 本章小结

本章通过调研数据对安徽省创新、产业结构优化升级与区域经济发展影响关系做实证分析。使用 2011—2016 年度的产业结构优化升级对 2012—2017 年度的创新数据进行实证分析，使得产业结构优化升级对创新具有积极的影响作用得到部分验证、产业结构优化升级对区域经济发展具有正向的促进作用得到了部分验证、区域经济发展对产业结构优化升级具有积极促进作用得到了验证、创新对区域经济发展具有正向驱动作用得到了验证。使用 2011—2016 年度的区域经济发展分别对 2012—2017 年度的创新数据进行实证分析，使得区域经济发展对创新具有积极促进作用得到了部分验证，在产业结构优化升级作为中介变量作用下，创新对区域经济发展具有积极影响得到了验证。

第九章 安徽省承接"长三角"地区间产业转移模式与路径研究

第一节 安徽省承接"长三角"地区间产业转移的背景

"长三角"经济区是中国重要的规划经济区之一,是目前国内外普遍认为势头最好、实力最强、前景最优的区域。"长三角"经济区迅速崛起,成为中国经济发展程度最高、对周边地区经济发展带动力最强的地区。经过多年的高速发展,"长三角"更为成熟的产业和市场所造成的"现金陷阱",使产业的长期提高和保持利润变得越来越困难,"长三角"已到了产业升级、资源整合、淘汰弱势产业、形成优势龙头产业的发展转折期。在新一轮产业结构和产业布局的调整中,"长三角"与周边地区之间互利和互动式合作有可能取代以往的发展模式。在这种形势下,以上海为中心,逐步将苏、浙、皖一些联系密切、发展潜力较大的区域和产业吸收进来,在渐进式的发展中逐步扩大"长三角"对周边省市的辐射、带动作用。加快建设"泛长三角"区域经济带已经成为我国在激烈的国际经济竞争中立于不败之地,建设和谐社会,实现中华民族伟大复兴迫切而紧要的战略意志。"泛长三角"区域经济一体化已成为"长三角"经济应对资源约束、产业升级压力,提升区域经济竞争力的必然选择。

从"长三角"产业转移角度上看。在"长三角"区域内,以上海、南京、杭州等为代表的发达地区生产要素与各产业高度集聚,其环境与资源容量空间日益趋紧,要素资源、外资项目以及政策倾向的竞争性导致了区域内一定程度的产业同构与产业趋同现象,同时也出现了重复建设、生产成本上升、规模不经济等问题。这都给区域内产业协调发展带来了一定的阻碍。近几年,"长三角"以上海、苏州、南京、杭州等为代表的地区正逐渐向以高端制造业和服务业为主的产业结构转型,产业转移和产业空间布局又通过向周边相对欠发达地区加速转移而呈现逐步攀升产业链高端环节的势态。"长三角"产业以上海、浙江和江苏为中心向西和西南方向延伸，安徽省由于自身的区位优势与经验，也具备了承接产业转移的客观条件。

从产业分工协作的角度来看，安徽省紧邻"长三角"经济区，在区位优势上安徽与"长三角"是无缝对接，在资源禀赋、产业结构等方面与"长三角"经济具有较强的互补性。"长三角"经济在改革开放以后持续增长，产业结构呈现了"三、二、一"的发展趋向，以电子通信、生物工程、海洋工程、新材料等为代表的高新技术产业居全国领先地位。第二产业有明显的转移趋势，第一产业也有与周边地区对接发展的要求。而安徽省的产业结构依然具有初级阶段的产业结构特征，第三产业发展滞后于全国平均水平，工业处于以资源加工业为主的发展阶段，深层次的农产品加工业发展不足，经济成长的空间急需有较大的突破，正好可以与"长三角"的产业转移和合作结合起来发展。安徽省域经济已经成为"泛长三角"经济一体化的重要组成部分，承接着"长三角"产业转移。

从理论上说，"长三角"选择在其地区开展产业活动时，会创造出一种经济的前后向关联。一方面，产业规模的扩大与前后向产业关联程度的提高，会吸引更多的劳动力集聚到该地区；另一方面，产业和要素聚集会形成区域内经济增长的良性循环机制。在这种良性循环机制下，区域发展成一种与新经济地理模型中的"核心—外围"模型结构相似的产业空间分布状态。以"长三角"区域为代表的东部沿海发达地区与安徽省以及中西部落后地区形成"核心—外围"的空间结构。但在这种空间结构下，核心区产业过度集聚，外围区产业分布不平衡，进而会造成不同群体在收益和福利上的不平等。这个问题引起了许多学者的关注，但他们大多只对此进行了定性分析，并提出了包括产业梯度转移等在内的政策主张，而从理论层面去探索承接产业转移与产业分工协作的研究甚少。基于新经济地理学模型，探讨"泛长三角"与安徽省之间产业在地理集中向心力和空间发散离心力之间的力量权衡和演变决定了产业是在地理空间上趋于集中或分散，即形成产业转移的基本动力机制，进而对"泛长三角"与安徽省区域产业分工与协作进行实证分析，在"泛长三角"一体化视角下，对丰富区域产业转移理论以及区域经济发展理论都有一定的指导意义。

第二节　产业转移动力机制分析

一、共生理论基本原理

共生理论最先是由德国生物学家德贝利提出的，其主要思想是：某些事物之间存在一些紧密的内在联系，当这些事物集聚在一起时，在外界环境的影响下会发生相互依存、彼此共生的关系，并最终形成和谐共处的共生模式。共生理论所提出的观点认为事物之间并不是独立的个体，在环境影响下，很多事物会与其他事物发生紧密联系，随着事物的运动与发展，这些事物彼此之间会通过能量交换或信息传递，实现和谐的互动关系，从而形成资源共享、和谐共生、彼此促进、互促发展的动态平衡模式。

二、产业转移的动力机制

按照新经济地理学和系统动力学的观点，产业在地理集中向心力和空间发散离心力之间的力量权衡和演变决定了产业是在地理空间上趋于集中或分散，即形成产业集群或者是发生产业转移。对产业转移动力机制的论述围绕内部动力和外部动力两个方面进行，内部动力主要包括聚集经济效应和资源导向效应等方面，外部动力主要包括产业趋同现象、重复建设、资源压力等方面。其作用原理的基本思想为：随着产业或要素在空间内聚集程度越来越高，虽然带来了资源共享、知识共享、规模经济、外部经济等积极方面，但是当产业和要素集聚程度过高时，同样也导致了环境与资源容量空间日益趋紧。要素资源、外资项目以及政策倾向的竞争性也致使区域内出现了一定程度的产业同构与产业趋同现象以及重复建设等问题，产业所在地区的要素资源消耗增加，土地、劳动力工资等生产性成本不断攀升，产品市场逐渐扩展导致产品运输成本增加，产业的生产成本和交易成本等的动态变化促使产业在空间结构上进行重新配置和再优化。当这种高度集聚带来的负面影响超过集聚带来的积极影响时，产业转移的动力产生，一些产业将离开原来的地区，转移到新的地区。如图9.1所示。

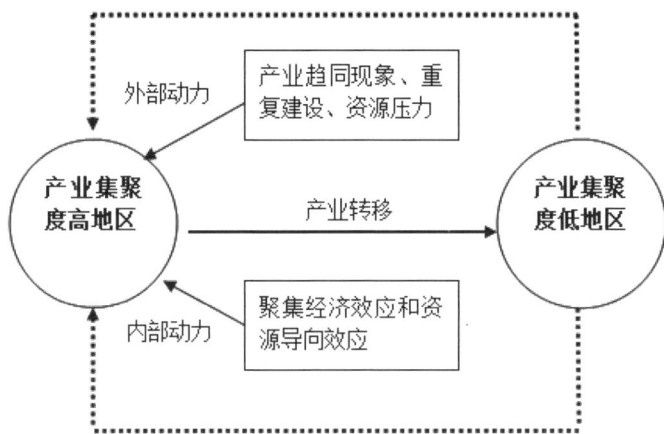

图 9.1　产业转移图

三、产业转移推动产业分工协作

从市场角度看，企业为了从较低的成本中获得发达地区的优势资源，并将这些优势资源在同一产业中集中配置，因而会把总部设立在发达中心城市，同时将产业配套环节或其他补充性环节布局在周边地区。产业链辐射带动拥有生产制造基地的其他地区的经济发展，并由此实现不同地区的产业链分工模式，通过资源的优化配置，形成产业链各工序或环节相互协作互补的一种模式。

从政府干预机制角度看，政府可以通过产业转移政策、产业干预或产业扶持等手段对产业空间安排进行主动干预，规划进行分散化的产业布局和调整，能够达到较好的产业分工与协作局面。

四、产业转移形成了区域的产业共生关系

产业集聚度较高的地区一般情况下产业基础较好，产业发展较成熟，经济发展也相对优越，而产业集聚度较低的地区一般产业基础薄弱，产业发展较落后。在内外动力作用下，产业由集聚度较高的地区向集聚度较低的地区转移，实现了资源、要素、人力、资金等在区域之间的流动和交换，并且随着产业转移的进一步深入和频繁，会形成产业在不同区域之间的动态移动网络，从而强化区域之间的交流与合作关系。在产业转移的作用下，不同移动的要素会变成共生单元，移动交流的网络会演变成为区域互动的纽带，跨越在不同区域的产业和组织会形成共生主体，最终实现了区域之间资源共享、和谐共生、彼此促进、互促发展的共生动态平衡模式。

第三节　安徽省承接"长三角"地区间产业转移模式

"长三角"地区是我国重要的经济区，集聚了众多的高科技产业和先进产业，包括精密机械、文化、金融、电子信息、纺织化工、服装、新能源、汽车制造、医疗器械、家电、新材料等，并且这些产业集聚度高、水平领先，具有明显的技术优势。随着"长三角"地区经济的发展，大部分产业出现了产业趋同现象及重复建设、生产成本上升、规模不经济等问题，产业都有向外转移的趋势。而位于"长三角"辐射地带的安徽省，相对于"长三角"地区而言，产业基础薄弱，产业发展相对缓慢，劳动力充足，并且安徽省产业与"长三角"地区产业具有明显的互补关系。所以，安徽省承接"长三角"地区的产业转移既是"长三角"产业发展的重要趋势，也是安徽省加快工业化进程的主要途径。

一、创建区域间工业园协同模式

首先，安徽省要积极利用各地区的经济开发区、工业园区、科技园区、技术城、产业加工区等，积极吸收"长三角"企业和产业入驻，尤其是积极吸收与园区内能形成配套、互补关系的企业或产业入驻，从而促使安徽省各地区园区与"长三角"各地区园区之间的相互融合、彼此协作，以缓解"长三角"园区企业拥挤、产业重复度高等问题，同时带动安徽省相关地区园区经济发展。其次，通过"长三角"园区与安徽省某些园区之间建立跨区域园区共建，在安徽省芜湖市、马鞍山市、蚌埠市、合肥市等地有选择性地建立合作工业园，或者跨区合作示范区，加强对共建园区产业发展规划的顶层设计与总体谋划，根据不同地方园的产业特征，共同梳理各地要素禀赋和产业定位，发挥比较优势，吸收有资本、有意愿、有实力的大型企业、科研院所、金融机构参与合作共建园区，借助"长三角"的产业优势，使共建园区与其所在的开发区形成优势互补、协调发展格局。与"长三角"有序对接，实现安徽省与"长三角"地区产业共融共建、协同发展之路，推进地区之间的园区互动和彼此协作。

二、创建区域间资源共享模式

资源是经济发展的重要条件，"长三角"地区产业发展势必需要大量资源支持。安徽省除了在地理位置上具有显著的优势之外，它也是一个资源丰富的大省。首先，自然资源中，煤矿、铁矿、铜矿等矿产资源丰富，在全国占有重要地位。

另外，安徽省是一个农业大省，土质肥沃，农产品产量大，水稻、茶叶、药材、棉花等产量在全国排名前十。并且，安徽省旅游资源得天独厚，人力资源丰富、优势明显，科技教育实力雄厚，这都为产业的长期、持续发展提供了重要条件。安徽省和"长三角"地区的相关经济管理部门应该着眼于长远发展，加强地区衔接、互助合作，积极加强资源共享力度，构建资源共享平台，实现优势互补。例如，安徽省企业可以通过与"长三角"企业共享办公营运、原材料采购、创业孵化、中介服务等方式进行深入合作，将安徽省现有资源提供给"长三角"企业；鼓励两个地区的企业和中介组织之间建立投资合作关系，拓展合作企业发展空间，为双方企业投资合作在用人、使用土地和其他要素配置方面提供便利，实现资源和信息跨区域流通；在农业种植、农产品加工、矿产资源开采等方面与"长三角"构建战略合作关系，推进资源优化配置；鼓励地区高校和科研机构深入合作，开展联合办学、联合培养人才、联合科研攻关、跨区校企合作等，实现教育和科技资源的共享。

三、创建区域间产业合作模式

相关产业、关联产业和配套产业相聚集而产生的集聚效应对产业发展具有重要促进作用，但是产业在一个地区过度集聚会产生一系列的负面作用，如重复建设、产业趋同、恶性竞争、过度竞争等。"长三角"地区部分产业集聚度过高，三次产业及各产业内部之间的比例关系具有明显的相似性，一些工业产品表现出结构趋同的现象，这势必会极大地影响"长三角"产业经济的发展。因此，安徽省和"长三角"地区可以通过创建区域间产业合作模式，将"长三角"一些重合度较高的产业向安徽省转移，同时"长三角"也可以从安徽省引入一些配套的产业和资源。首先，安徽省可以将"长三角"部分生产和设计环节的企业引入省内，结合安徽省不同地区的资源特征和产业特征，有选择性地入驻，这样既保证了"长三角"企业经营中所需资源的充足供应，又促进了安徽省的产业集聚。其次，加强地区主导产业间的合作。"长三角"集聚了全国众多高科技企业和优秀企业，很多企业技术水平达到国际最高水平，如汽车制造、电子商务、医疗器械、电子信息、软件设计、动漫等企业。安徽省应结合不同地区主导产业发展的需要，积极与"长三角"地区相关强势产业建立合作关系，拓展合作渠道，拓宽合作交集，学习对方先进技术和管理经验，助力主导产业发展。最后，加强跨区域项目合作。合作方式可以选择技术协作式、契约合作式或内外一体化等，鼓励安徽省与"长三角"产业之间共同承包工程或进行技术联合，共同开发新产品，共同研发新技术或共同生产产品，合作的内容可以延伸到资金、机械设备、人才、项目管理、产品销售等多个方面。

四、创建区域间的人才互动模式

人才是产业发展的重要智力要素，对产业的发展极为重要。"长三角"地区产业发展对人才的需求量很大。安徽省人才储备丰富，加强地区之间人才交流与合作，对于两个地区来说是双赢。首先，安徽省应该与"长三角"地区建立人才合作联盟，鼓励省内企业和高校与"长三角"地区联合培养人才，互相利用对方人才培养的优势和资源，部分行业可以采取校企人才订单式培养。其次，加大对安徽省的宣传力度，让"长三角"地区的人才能够更多地了解安徽省产业发展状况和趋势，了解安徽省所需人才的类型及人才发展前景，有利于吸引更多的"长三角"地区人才参与安徽省经济发展。另外，安徽省还要加大人才引进力度，特别是一些符合安徽省产业特征和发展需求的高素质人才、实用型人才，做到人才精准对接产业，创造外来人才在安徽省的发展机会，积极吸引"长三角"地区高端人才到安徽省创业，并为其提供完善的配套条件。最后，加强双方人才交流，搭建人才交流平台，积极开展跨区域科研项目合作、决策咨询、专家研讨、讲座论坛、技术交流、科技顾问兼职、行业会议、人才合作洽谈、人才联谊等，促进安徽省与"长三角"地区信息互通、人才交流与学习，带动地区人才发展。

第四节　安徽省承接"长三角"跨地区产业转移路径

一、健全安徽省承接产业转移管理体制

安徽省是"长三角"地区产业转移的最佳地区，安徽省要做好承接"长三角"地区产业转移的准备，增强承接产业转移的意识，积极创造承接产业转移的条件，在原有产业管理的基础上，各地区、各层级产业管理部门要增强管理能力、强化服务意识、拓展社会服务领域，通过规章制度、行政管理、工作规范、财税政策和信息沟通等手段，如降低相关产业准入门槛、简化审批手续、提高产业服务效率、对重点发展的产业制定优惠税收政策、推进政府信息公开、搭建企业信息交流平台等，引导产业发展，维护良好的市场秩序，建立功能齐全、行为规范、办事高效的产业转移管理体制。

二、优化安徽省产业发展基础设施

要素的流动和产业的转移都离不开完善的基础设施。安徽省要加强基础设施

建设，更好地保障"长三角"地区产业向安徽省转移。首先，要加快交通设施和枢纽建设。安徽省省内已经完成主要城市的高铁路线建设，但是部分地区或较小城市与"长三角"城市之间的交通线路还没有完全畅通，这影响了此地区与"长三角"的交流与合作，特别是皖南地区受到山形地势的影响，与江苏和上海等地的交通网络体系尚未形成。其次，进一步优化安徽省经济环境。经济发展离不开良好的经济环境，努力营造高质量的经济发展环境，有助于吸引"长三角"地区产业向安徽省转移。在保护好生态环境的同时，利用不同地区的地形特征和城市设施基础，合理规划地区产业和人居环境，突出区域特色，提高城市品位。最后，要完善产业发展所需的其他配套设施。在区域规划和产业规划时，要考虑经济的持续发展和绿色发展，合理布局，统筹规划，交通道路设计科学、实用，确保污水排放、用水、用电、用气、通讯、供热、绿化、照明以及其他相关配套设施等齐全、完善。

三、积极打造优质软环境

首先，安徽省各地区要积极创建优质高效的政务环境。相关管理部门要树立服务意识，增强服务能力，简化办事程序，强化工作效率，改善服务态度，解决突出问题，推行阳光政务，对于重要的项目或复杂的程序，政府可以开设专门的服务窗口或部门，配备专人接待，特殊问题特殊处理，营造良好政务环境，增强区域吸引力，并为产业发展提供有力保障。其次，营造开放、高效、有活力的学习环境。产业的发展离不开组织学习，积极的学习活动是产业发展的重要推动力。强化企业的学习意识，搭建企业学习平台，创建宽松的学习环境，营造浓郁的学习氛围，培养企业的学习精神，鼓励企业举办多种形式的学习活动，鼓励安徽省企业和"长三角"企业互通交流，激励企业在学习中产生新思想、新创意、新理念。最后，营造良好的创新创业环境。为了吸引更多"长三角"地区的创新创业企业入驻，安徽省需要积极营造良好的创新创业环境。创立一些具体的鼓励青年人才创业的计划和项目，积极为创业人员创造便利条件和信息支持，拓展创新创业融资渠道，出台扶持初创企业成长的手段和措施，制定企业培养体系，为创新创业人员交流创造条件并提供培训，鼓励创新，保护创新成果，整合资源为创新创业人员提供服务，吸引越来越多的创新创业人员到安徽省发展。

四、加快安徽省各地区产业园区建设

建设区域产业园和科技园已经成为发展区域经济和产业经济的重要途径。第一，各地区在规划产业园区时，要加强对产业园区的统筹规划和合理布局，制定严格的规划管理制度，合理开发土地，规范开发程序，保障产业园区的可持续发展。第二，产业园区建设要突出产业园区的特色和定位，考虑入驻产业的产业链建设，重点扶持支柱产业和优势产业的发展，积极引入配套产业和相关产业，培育主导产业和优势产业集群发展，科学布局不同产业的相对区位，形成有效的产业集聚效应和规模效应。第三，加大对园区的基础设施建设，保障园区的交通、用水、用电、网络、通讯等设施齐全，园区要有合理的绿化、美化。对于规模较大的产业园区要配套商贸区和生活休闲娱乐设施，建设园区公共服务机构，包括食堂、酒店、会议中心、信息服务中心、人才市场、会计事务所、行业协会、金融机构等，保障园区内工作人员的餐饮、住宿、会议研讨、人员接待、中介服务和金融服务等，真正发挥园区"筑巢引凤"的作用。

第五节　本章小结

随着"长三角"地区产业集聚程度的进一步提高，"长三角"地区出现了一定程度的产业同构与产业趋同现象及重复建设、生产成本上升、规模不经济等问题，"长三角"地区部分产业要向周边相对欠发达地区加速转移。安徽省区位上与"长三角"地区无缝对接，在资源禀赋、产业结构等方面与"长三角"地区经济具有较强的互补性，使得安徽省成为承接"长三角"地区产业转移的最佳地区。共生理论思想认为产业转移受到了产业趋同现象、重复建设、资源压力等外部动力和聚集经济效应、资源导向效应等内部动力的双重驱动，促使产业分工协作，形成区域的产业共生关系。结合安徽省产业基础和特征，提出安徽省承接"长三角"地区间产业转移的模式有：（1）创建区域间工业园协同模式；（2）创建区域间资源共享模式；（3）创建区域间产业合作模式；（4）创建区域间的人才互动模式。并围绕健全安徽省承接产业转移管理体制、优化安徽省产业发展基础设施、积极打造优质软环境、加快安徽省各地区产业园区建设四个方面提出安徽省承接"长三角"跨地区产业转移的路径。

第十章　研究结论与建议

第一节　研究结论

按照创新驱动、产业结构优化升级和区域经济发展之间的影响关系，构建三者总体影响关系框架图，认为不同内容和形式的创新，都会带来产业技术效率和产业技术水平的提升。落后的产业会通过创新活动进行改造或替换，甚至带来产业之间的互动和连锁效应，实现产业结构优化与升级。在创新的作用下，产业结构会逐渐趋向于高级化，产业结构优化以后，主导产业会表现出更大的扩散效应。发挥产业的扩散效应和辐射效应，促进区域经济发展。

本研究分别从产品创新、技术创新、市场创新、资源创新和组织创新等角度分析创新驱动产业结构优化升级影响机理。在市场竞争和消费者需求的作用下，创造新产品的产业会发展得越来越好，区域的产业结构也会向高级化转变，从而带动产业结构的优化与升级；技术创新一旦出现，企业会用新技术替代老技术，从而产生了新的产业部门，落后的产业部门也随即逐步减少并最终被新产业部门挤出，这是产业更新换代和自我进化的过程；市场创新无论是市场渗透还是新市场开发，都是增加了新的需求；资源也会在市场的调节下自动向能发挥更大效益的地方流动，从而带来了资源供求结构的变化；组织管理创新有助于进一步提高企业经营管理水平和运营效率，激发企业人员工作的积极性，降低因管理效率低下而导致的资源浪费，进而改变落后的生产方式，推动企业提高产出能力与水平，从而引发行业整体的转型与产业结构优化升级。

本研究还从资源利用效率上、产业产出能力上、产业规模经济上、产业扩散效应上分析了创新驱动与产业结构优化升级对区域经济发展影响机理，以及区域经济发展反向驱动创新发展和产业结构优化升级。随着区域经济的发展，企业会加大对创新的管理和投入，创新活动得以有效地推进，从而推动了创新的发展。区域经济的发展有利于进一步扩大对先进产业和高效产业的投入力度，从而扶持产业向先进产业和高效产业方向调整，实现产业结构进一步合理化和高级化。另外，区域经济的发展，往往带来了产品需求的增加，会相应扩大对部分生产部门或行业的投资和建设，从而推动了产业结构的调整。

党的十八大以来，国家提出了创新驱动发展战略，创新成为解决发展问题的"总开关"，也成为引领发展的第一动力，中国创新力量快速崛起。安徽省制定了一系列创新发展政策，加强改革创新，取得了显著成绩，但安徽省不同地级市却呈现出了显著的空间差异。我国产业结构整体表现为越来越合理。安徽省第一产业受到技术和现代化水平的影响而发展相对缓慢，第二产业扩张迅速，但还存在生产结构不合理、增长质量不高等问题，第三产业整体水平不高，并且主要以传统服务业为主。产业结构也表现出第一产业比重下降，第二产业和第三产业比重上升的趋势。安徽省区域经济整体水平取得了较大的提高，人民的收入水平和购买力等也有显著的提升。

静态分析 2016 年创新原始投入和 2017 年创新产出的效率关系，结果显示创新投入和创新产出所有指标之间相关系数都达到 0.9 以上，说明创新投入和创新产出之间具有高度的相关性。从动态上看，本研究考察了 2011 年到 2016 年创新投入产生的创新效率情况，不同地级市综合创新效率差异较大，不同年份综合创新效率也有明显不同。

通过调研数据对安徽省创新、产业结构优化升级与区域经济发展影响关系做实证分析。使用 2011—2016 年度的产业结构优化升级对 2012—2017 年度的创新数据进行实证分析，使得产业结构优化升级对创新具有积极的影响作用得到部分验证，产业结构优化升级对区域经济发展具有正向的促进作用得到了部分验证，区域经济发展对产业结构优化升级具有积极促进作用得到了验证，创新对区域经济发展具有正向驱动作用得到了验证。使用 2011—2016 年度的区域经济发展分别对 2012-2017 年度的创新数据进行实证分析，使得区域经济发展对创新具有积极促进作用得到了部分验证，在产业结构优化升级作为中介变量作用下，创新对区域经济发展具有积极影响得到了验证。

安徽省区位上与"长三角"地区无缝对接，在资源禀赋、产业结构等方面与"长三角"经济具有较强的互补性，使得安徽省成为承接"长三角"地区产业转移的最佳地区。共生理论思想认为产业转移受到了产业趋同现象、重复建设、资源压力等外部动力和聚集经济效应、资源导向效应等内部动力双重驱动，促使产业分工协作，形成区域的产业共生关系。

第二节　建议

一、创新管理方面

（一）落实鼓励创新的政策

政府的政策对于地方创新的管理具有重要的作用，政府应该出台鼓励创新的政策，制定创新扶持实施办法，积极鼓励企业和科研机构从事创新和研发活动，为创新组织创造便利条件，根据地方条件和基础制定普惠性政策，对于重要创新活动制定减税让利的优惠政策，对于风险较高的创新活动给予政策倾斜。而且，政府应加大创新企业培育，对于初创企业应该给予资源和资金支持，对于创新成果应配套给予适当奖励与资助。安徽省不同地区创新条件和产业基础有所差异，不要盲目鼓励全面开花，地方政府要根据地方条件和产业特色，制定创新引导性政策，鼓励符合地方经济发展的创新活动，对科技创新程度低的地区进行政策帮扶。

（二）加大创新投入

一般创新活动和研发活动需要有足够的资金支持，因而要保证创新主体有充足的创新经费。政府部门需要协助企业和研发机构解决创新活动的融资问题，发挥创新信贷风险补偿基金的使用，一方面加大对创新活动的资金扶持，另一方面需要发展风险投资这种融资形式，加大创新企业基金担保，为企业提供低息或无息贷款。企业需要积极拓展融资渠道，保证自有资金投入的同时，积极寻求外部资金，借助银行、民间资本、国外资金、上市募集等弥补自有资金的不足。企业也可以相互合作，通过入股或联合创新的形式为对方提供创新资金，确保创新活动的有效开展。

（三）加强创新平台建设

安徽省近几年很多地区创新平台建设力度较大，如合肥、芜湖等地区创新平台建设相对于其他地级市更加完善，但安徽省大部分地区还需要进一步加强创新平台建设。地方政府应该整合政府公共平台，加大引进建立科技创新服务平台的力度，积极打造地方科创服务中心、科技孵化园、重点项目实验基地、企业科技研发平台、科研工作站、工程技术中心、高新技术研发中心、创新创业基地、创新服务中心、信息咨询中心等，疏通企业平台进出渠道，加强科技平台的管理，提高重大行业平台研发能力，提升科创平台运行成效，充分发挥平台的孵化效应。

（四）鼓励企业联合创新

随着市场环境的变化，市场竞争格局正在发生调整，市场竞争越来越体现为群体意义上的竞争与合作。创新成为提升企业竞争力最主要的途径。因此，企业需要加强与竞争者、相关企业的合作以提升自身的竞争力与创新能力。安徽省是"长三角"地区经济的重要辐射地区，安徽省各地区的企业面临周边企业竞争的同时，也拥有更多与"长三角"地区企业合作的机会。企业需要加强与周边企业的技术交流与合作，打破地区内部之间的创新壁垒，积极向先进企业学习成功的创新经验，结合自身的优势与特色，积极开展创新活动。对于创新条件较差的企业，应该与其他企业建立合作关系，共同从事创新研发，借助其他企业的技术、资金、人才、信息等优势，弥补自身不足，最终实现互利、共享、同力、共赢的局面。

（五）加大产学研合作力度

产学研合作是提升创新效率和水平的重要措施，虽然安徽省各地区都有高等学校和科研机构，但是安徽省整体产学研合作缺乏深度和持久性。因此，各地区政府和企业都要重视企业与高校科研院所的互动，企业要善于利用高校的人才优势和科研优势，高校要善于利用企业的资金和技术优势，加强合作与交流，开展各种专业性和综合性的产学研合作交流活动。企业和高等学校、科研院所合作的方式可以是多种多样的，地方企业可以根据自己的需要和条件，选择具体的合作方式，如创新项目联合开发、委托研发、人才合作、共建实验室、战略联盟等，着实提高安徽省各地区产学研合作效率。

（六）加强创新人才培养

人才是创新活动的智力保障，是促进科技进步和社会发展的中坚力量。加强创新人才培养对于创新发展尤为重要。人才是安徽省各地区限制创新发展的重要因素，虽然各地级市呈现创新人才投入数量增长的趋势，但是从创新发展的需要上看，人才仍然显得不足。因此，安徽省各地区要强化创新人才培育观念，重视企业创新人才的开发培养，制定地区人才培养措施，将人才培养与企业创新更加紧密地结合起来，积极推选可塑人才到先进企业、发达地区或国外深造学习，提高科研人才和技术人才的创新能力；积极培养高层次专业技术带头人，重点从青年人才队伍中选拔优秀人才，大力培养关键领域、前沿技术领域的创新人才；鼓励采取"老将带新人""导师带学徒"的方式培养新人，组建创新团队，优化创新人才结构；鼓励与科研机构和高等院校建立人才合作培养模式，联手组建人才培养基地，充分利用各地方教育资源，以定向培养方式，为企业培训创新人才与科技人才，对于安徽省高校资源相对较少的部分地区，建议寻求与周边地区和高校合作，以项目为依托，建立长久、稳定的人才合作模式；安徽省各地区应该制定海内外高层次创新人才引进计划，对于地区核心技术和重要行业的关键人才，应配套给予优惠的人才激励措施和待遇条件。

（七）推进创新文化建设

创新文化是地方激励与培养创新的软环境，创新文化可以激发企业和创新主体的创新精神，促进自主创新和原始创新。安徽省经济发展相对较好的地区、高科技产业较发达的地区以及开放程度相对较高的地区创新文化建设氛围明显比其他地区更加浓郁。因此，安徽省各地区要立足自身情况和产业发展特征，推进创新文化建设。通过宣传和培训，强化企业的创新意识，弘扬创新精神，尊重自由探索和首创精神，激发企业创新热情，形成吸引更多人才从事创新活动的社会导向，鼓励怀疑精神和批判精神，消除狭隘封闭思想，鼓励打破常规，鼓励突破和超越，对于一些新想法、新尝试、新发现、新发明应给予相应的支持。对于失败的创新应给予宽容和理解，不应轻易否定新的想法，允许失败，宽容失误，营造不怕失败的宽松氛围，积极创造各种条件，降低创新主体的失败成本和代价，减少不确定性创新带来的风险。

（八）鼓励创新成果转化

创新成果要通过转化成具体的产品才能发挥真正的效用。创新效果的优劣在于成果的转化效率，创新对产业发展和经济驱动的效应也在于创新成果的转化效率。而安徽省各地区普遍存在创新成果转化不足的问题。首先，安徽省各地区政府要积极搭建创新成果转化平台，包括创新成果对接活动、创新成果展示会、科研成果洽谈会、技术成果交易会等，疏通创新主体与市场之间的通道，协助创新企业使创新成果实现市场价值。其次，政府要协助创新主体推广其创新成果，开辟多元宣传渠道，征集创新成果需求信息；创新企业可借助中介服务机构获取成果需求者信息，积极与相关企业保持沟通，了解需求者的需求情况，抓住一切机会，推动科技成果转化。最后，鼓励订单式创新研究，与市场上的需求者进行合作，按照需求者对创新成果的要求，有针对性地开展创新研究，从源头上打通科技成果转化的渠道，确保科技成果从源头上就能够满足需求、符合市场。

二、产业结构优化与发展方面

（一）加强创新推动产业结构优化升级

从整体上说，安徽省创新对产业结构优化升级具有积极的推动作用，但是不同地区创新对产业结构优化升级的影响效应有所差异。因此，各地区要加强创新管理，提升创新能力和水平，通过创新带动产业的技术升级，尤其是对于一些创新水平相对较低的地区，形势更加迫切。要积极利用现代化新技术和新手段，在推动经济发展中，引入互联网技术、大数据等，使其原来的模式、生产工艺、组织模式、管理模式有所创新；围绕产业创新发展，培育创新主体，提高企业的创新能力与水平，调动创新主体的创新意识和创新积极性，用新思维引领新潮流，促进科技成果转化。同时，安徽省各地区企业应积极学习周边发达地区的先进技术和管理方法，对引进的先进技术进行消化吸收，培育自主创新能力，形成自有知识产权，推动地区特色产业和优势产业健康、快速发展。

（二）创新改造无效和低端供给，加快产业升级

安徽省产业发展中出现了低端供给占比较高，无效供给突出，有效供给和中高端供给能力不强等问题。因此，要加强供给侧结构性改革，减少无效和低端供给，扩大有效和高端供给，实现由低水平供需平衡向高水平供需平衡提升。安徽省经济发展要坚持绿色、生态、健康、可持续发展理念，不要只追求眼前利益，不能以牺牲环境和资源为代价换取短期的经济产出，逐渐减少和关停高耗能、高污染、高排放、低效率的企业，禁止与地方产业无法形成配套的产业、高耗能重污染的产业、技术落后的产业进入安徽省。在招商引资方面，安徽省各地区都要认清自身产业特征和发展定位，有选择地过滤不同类型的企业和行业，优先引入高效率、高产出、技术先进、研发能力强、创新能力强的企业进驻安徽省，推进传统产业转型升级，培育壮大新兴产业和高技术行业，扩大有效和中高端供给，不断优化产业结构，增强经济体系的适应性和灵活性，实现创新驱动产业升级发展。

（三）承接"长三角"地区产业转移，带动产业融合创新发展

安徽省位于"长三角"经济区的辐射地带，可以和"长三角"地区通过创建区域间产业合作模式，将"长三角"地区部分生产和设计环节的企业引入省内，结合安徽省各地区的资源特征和产业特征，有选择性入驻，这样有利于促进安徽省各地区的产业集聚。而且，"长三角"地区集聚了全国众多高科技企业和优秀的创新企业，很多企业技术水平达到国际水平，如汽车制造、电子信息等企业。安徽省各地区应结合主导产业发展的需要，积极与"长三角"地区相关强势产业建立合作关系，充分利用"长三角"地区的人才优势、技术优势、资金优势和市场优势，拓展合作渠道，拓宽合作交集，学习对方先进技术和管理经验，助力主导产业发展。另外，加强跨区域项目合作，鼓励安徽省各地区与"长三角"地区产业之间共同承包工程、形成战略联盟、进行项目合作或技术联合，共同开发新产品，共同研发新技术或共同生产产品，合作的内容可以延伸到资金、机械设备、人才、项目管理、产品销售等多个方面。

（四）扩大安徽省各地区对外开放程度，助力产业结构优化升级

安徽省位于我国中部靠东位置，属于内陆省份，经济开放程度不如江浙沪等经济发达的省市，经济发展水平也相对不如沿海开放地区，并且安徽省内不同地区开放程度也有明显差异。提高安徽省各地区对外开放程度有利于提高资源利用效率和要素流动效率，促进产业之间优化升级，提升产业层次，提高产业产出水平和效率，从而促进产业经济发展。首先，安徽省应该深度融入"一带一路"建设，加强与"一带一路"沿线国家和地区合作，推进安徽省在汽车制造、食品医药、电子信息、绿色食品、新能源、新材料等优势产业上的海外合作项目的开展。其次，安徽省还应该加强与东南亚、欧美等国家的产业合作，鼓励企业走出去，实现跨国贸易，鼓励省内企业与国外企业建立合作关系，实施联合项目，合理引进外资企业，带动安徽省产业发展。另外，省内区域之间还应该打破各地区贸易壁垒，加强区域之间的合作与交流，放开要素市场与产品市场，促进要素与产品在区域之间的流动，推进资源在区域之间的共享，鼓励产业跨区域发展。最后，加强安徽省各地区基础设施建设，完善跨地区、跨省份的交通网络建设，完善安徽省航空、铁路、公路、航运等综合交通运输网络，畅通贸易渠道，增开周边国家航线，增大班列运营密度，保障安徽省内与区外、国外的要素高效流动。

（五）有侧重地发展工业

安徽省不同地区的工业基础有较大差异，合肥市、芜湖市、蚌埠市、马鞍山市、铜陵市等工业基础相对较好，其他地区工业类型差别较大。因此，安徽省工业要根据地区工业基础和产业条件有选择地重点发展，类似于电子信息、汽车制造和汽车配件、新能源、新材料、有色金属等产业应该侧重发展，培育成地方支柱产业，发挥辐射效应。对于一些污染较大、耗能较多、效率较低的工业应该升级改造，缩减规模，利用新技术、新设备改造传统工业，提倡能源节约和能源的循环利用，发展低碳经济，引导传统工业企业转型，发展健康、绿色、高新技术产业，实现产业发展和结构优化。

（六）着力发展第三产业

安徽省第三产业发展潜力巨大，不同地区服务业差距明显。从经济发展趋势上看，第三产业将作为新经济增长点，在国民经济中所占比重会越来越大。因此，着力发展第三产业对促进产业结构优化升级和区域经济发展具有重大意义。首先，升级传统服务业，提高安徽省各地区现有服务业技术水平和服务能力，向知识型、技术型、个性化、人性化方向转型，扩大第三产业服务领域，改进第三产业服务质量，提高第三产业的竞争力。其次，积极发展新型服务业，重点向文化、咨询、金融、通讯、保险、旅游、教育等方向发展，促使安徽省第三产业更好地"走出去"，以推动第三产业快速发展。

第三节　本章小结

本章对全书研究的观点和结论进行了总结，认为安徽省创新对产业结构优化升级具有正向的驱动作用，部分地区产业结构优化升级对创新具有积极的影响作用，部分地区产业结构优化升级对区域经济发展具有正向的促进作用，区域经济发展对产业结构优化升级具有积极促进作用，创新对区域经济发展具有正向驱动作用，部分地区区域经济发展对创新具有积极促进作用，创新对区域经济发展具有积极影响作用，创新通过产业结构优化升级影响区域经济发展，产业结构优化升级发挥了部分中介的作用。创新管理方面的政策建议包括落实鼓励创新政策、加大创新投入、加强创新平台建设、鼓励企业联合创新、加大产学研合作力度、加强创新人才培养、推进创新文化建设、鼓励创新成果转化等。产业结构优化与发展方面提出了加强创新推动产业结构优化升级、创新改造无效和低端供给加快产业升级、承接"长三角"地区产业转移带动产业融合创新发展、扩大安徽省各地区对外开放程度助力产业结构优化升级、有侧重地发展工业、着力发展第三产业等建议。

附录

我国各省份目标投影值与投入产出调整情况

No.	DMU / I/O	Score / Data	Projection	Difference	%
1	北京市	0.140465936			
	NP	113675	8574.121784	−105100.878	−92.46%
	NRI	396	99.2420697	−296.75793	−74.94%
	IE	7301166	362298.897	−6938867.1	−95.04%
	FET	253337	253337	0	0.00%
	NPA	185928	308453.196	122525.196	65.90%
	NPAU	106948	163431.0543	56483.05431	52.81%
	NPI	41192831	171281153.6	130088322.6	315.80%
2	天津市	0.327468029			
	NP	10907	2859.422966	−8047.57703	−73.78%
	NRI	61	32.02147905	−28.978521	−47.51%
	IE	466425	111068.5609	−355356.439	−76.19%
	FET	119384	119384	0	0.00%
	NPA	86996	119562.1789	32566.17892	37.43%
	NPAU	41675	67785.66661	26110.66661	62.65%
	NPI	40949317	67055354.96	26106037.96	63.75%

No.	DMU	Score	Projection	Difference	%
	I/O	Data			
3	河北省	0.288788515			
	NP	10142	2667.811161	−7474.18884	−73.70%
	NRI	80	29.87569877	−50.1243012	−62.66%
	IE	383879	103625.7839	−280253.216	−73.01%
	FET	111384	111384	0	0.00%
	NPA	61288	111550.239	50262.23904	82.01%
	NPAU	35348	63243.30471	27895.30471	78.92%
	NPI	46623294	62561931.72	15938637.72	34.19%
4	山西省	0.188997396			
	NP	5634	1494.143194	−4139.85681	−73.48%
	NRI	165	17.29411673	−147.705883	−89.52%
	IE	155409	63134.9128	−92274.0872	−59.37%
	FET	44147	44147	0	0.00%
	NPA	20697	53751.65587	33054.65587	159.71%
	NPAU	11311	28479.81446	17168.81446	151.79%
	NPI	15434765	29847788.08	14413023.08	93.38%
5	内蒙古自治区	0.148992689			
	NP	3851	945.6042576	−2905.39574	−75.45%
	NRI	98	10.58942566	−87.4105743	−89.19%
	IE	87543	36730.10439	−50812.8956	−58.04%
	FET	39480	39480	0	0.00%
	NPA	11701	39538.92334	27837.92334	237.91%
	NPAU	6271	22416.55597	16145.55597	257.46%
	NPI	11244704	22175043.67	10930339.67	97.20%

No.	DMU	Score	Projection	Difference	%
	I/O	Data			
6	辽宁省	0.202503437			
	NP	15453	2972.887038	−12480.113	−80.76%
	NRI	158	34.40999207	−123.590008	−78.22%
	IE	697271	125619.1271	−571651.873	−81.98%
	FET	87839	87839	0	0.00%
	NPA	49871	106949.3216	57078.32159	114.45%
	NPAU	26495	56666.10238	30171.10238	113.87%
	NPI	36962037	59387950.64	22425913.64	60.67%
7	吉林省	0.17455359			
	NP	9105	1633.075802	−7471.9242	−82.06%
	NRI	106	18.90220673	−87.0977933	−82.17%
	IE	290135	69005.50009	−221129.5	−76.22%
	FET	48252	48252	0	0.00%
	NPA	20450	58749.74288	38299.74288	187.28%
	NPAU	11090	31128.00433	20038.00433	180.69%
	NPI	27744957	32623178.71	4876221.707	17.57%
8	黑龙江省	0.147556899			
	NP	7146	1859.49703	−5286.50297	−73.98%
	NRI	154	21.52294293	−132.477057	−86.02%
	IE	164139	78572.91275	−85566.0873	−52.13%
	FET	54942	54942	0	0.00%
	NPA	30958	66895.22452	35937.22452	116.08%
	NPAU	18221	35443.81194	17222.81194	94.52%
	NPI	6824812	37146287.92	30321475.92	444.28%

No.	DMU	Score	Projection	Difference	%
	I/O	Data			
9	上海市	0.298369244			
	NP	33804	5039.991725	−28764.0083	−85.09%
	NRI	134	58.33591155	−75.6640885	−56.47%
	IE	2793983	212964.4864	−2581018.51	−92.38%
	FET	183932	148915.1211	−35016.8789	−19.04%
	NPA	131740	181313.2113	49573.21135	37.63%
	NPAU	72806	96067.11707	23261.11707	31.95%
	NPI	100681518	100681518	0	0.00%
10	江苏省	1.005127019			
	NP	26019	26019	0	0.00%
	NRI	135	137.7685905	2.768590483	2.05%
	IE	1579093	1579093	0	0.00%
	FET	543438	543438	0	0.00%
	NPA	514402	514402	0	0.00%
	NPAU	227187	227187	0	0.00%
	NPI	285790192	285790192	0	0.00%
11	浙江省	1.186808917			
	NP	9019	10482.7247	1463.724701	16.23%
	NRI	101	121.3333939	20.33339386	20.13%
	IE	350325	442946.7754	92621.77541	26.44%
	FET	376553	376553	0	0.00%
	NPA	377115	377115	0	0.00%
	NPAU	213805	199810.872	−13994.128	−6.55%
	NPI	211501500	209408406.5	−2093093.53	−0.99%

续　表

No.	DMU	Score	Projection	Difference	%
	I/O	Data			
12	安徽省	1.008695539			
	NP	12254	12254	0	0.00%
	NRI	100	100	0	0.00%
	IE	477896	477896	0	0.00%
	FET	135829	140553.4257	4724.425738	3.48%
	NPA	175872	175872	0	0.00%
	NPAU	58213	58213	0	0.00%
	NPI	88430765	88430765	0	0.00%
13	福建省	0.513343827			
	NP	5405	3165.307261	−2239.69274	−41.44%
	NRI	102	35.44694904	−66.553051	−65.25%
	IE	186009	122950.024	−63058.976	−33.90%
	FET	132155	132155	0	0.00%
	NPA	128079	132352.2395	4273.239459	3.34%
	NPAU	68304	75036.97959	6732.979589	9.86%
	NPI	44766789	74228543.48	29461754.48	65.81%
14	江西省	1.033261299			
	NP	6138	6138	0	0.00%
	NRI	117	117	0	0.00%
	IE	130051	130051	0	0.00%
	FET	50620	57354.74779	6734.747787	13.30%
	NPA	70591	70591	0	0.00%
	NPAU	33029	33029	0	0.00%
	NPI	38571746	38571746	0	0.00%

附录

No.	DMU I/O	Score Data	Projection	Difference	%
15	山东省	0.466479166			
	NP	15213	8252.333009	−6960.66699	−45.75%
	NRI	204	93.74123841	−110.258762	−54.05%
	IE	465727	332584.5351	−133142.465	−28.59%
	FET	301480	301480	0	0.00%
	NPA	204859	324456.6166	119597.6166	58.38%
	NPAU	100522	179239.8623	78717.86233	78.31%
	NPI	181263978	181263978	0	0.00%
16	河南省	0.348610353			
	NP	15429	3982.627415	−11446.3726	−74.19%
	NRI	122	44.5997748	−77.4002252	−63.44%
	IE	360378	154697.1892	−205680.811	−57.07%
	FET	166279	166279	0	0.00%
	NPA	119240	166527.169	47287.16904	39.66%
	NPAU	55407	94412.42427	39005.42427	70.40%
	NPI	70958863	93395240.29	22436377.29	31.62%
17	湖北省	0.320242901			
	NP	16010	3271.963182	−12738.0368	−79.56%
	NRI	123	36.64134398	−86.358656	−70.21%
	IE	716378	127092.8597	−589285.14	−82.26%
	FET	136608	136608	0	0.00%
	NPA	110234	136811.8855	26577.8855	24.11%
	NPAU	46369	77565.37178	31196.37178	67.28%
	NPI	75234883	76729695.19	1494812.188	1.99%

No.	DMU	Score	Projection	Difference	%
	I/O	Data			
18	湖南省	1.006525557			
	NP	7744	7744	0	0.00%
	NRI	123	123	0	0.00%
	IE	215739	215739	0	0.00%
	FET	119345	122460.1702	3115.1702	2.61%
	NPA	77934	77934	0	0.00%
	NPAU	37916	37916	0	0.00%
	NPI	85857213	85857213	0	0.00%
19	广东省	1.048096623			
	NP	17452	17452	0	0.00%
	NRI	202	202	0	0.00%
	IE	737433	737433	0	0.00%
	FET	515649	614852.903	99203.90303	19.24%
	NPA	627834	627834	0	0.00%
	NPAU	332652	332652	0	0.00%
	NPI	348630305	348630305	0	0.00%
20	广西省	1.003286874			
	NP	5167	5167	0	0.00%
	NRI	118	118	0	0.00%
	IE	132405	132405	0	0.00%
	FET	39903	40427.62448	524.624475	1.31%
	NPA	56988	56988	0	0.00%
	NPAU	15270	15270	0	0.00%
	NPI	22492207	22492207	0	0.00%

No.	DMU	Score	Projection	Difference	%
	I/O	Data			
21	海南省	0.117755024			
	NP	2143	265.3426653	−1877.65733	−87.62%
	NRI	28	3.071236442	−24.9287636	−89.03%
	IE	107652	11212.03516	−96439.9648	−89.58%
	FET	7840	7840	0	0.00%
	NPA	4564	9545.676536	4981.676536	109.15%
	NPAU	2133	5057.687846	2924.687846	137.12%
	NPI	1306518	5300624.245	3994106.245	305.71%
22	重庆市	1.036840716			
	NP	6051	6051	0	0.00%
	NRI	37	37	0	0.00%
	IE	212342	212342	0	0.00%
	FET	68055	78083.77973	10028.77973	14.74%
	NPA	64648	64648	0	0.00%
	NPAU	34780	34780	0	0.00%
	NPI	53227016	53227016	0	0.00%
23	四川省	1.001894459			
	NP	38410	38410	0	0.00%
	NRI	170	170	0	0.00%
	IE	2173686	2173686	0	0.00%
	FET	124614	125558.3044	944.3044247	0.76%
	NPA	167484	167484	0	0.00%
	NPAU	64006	64006	0	0.00%
	NPI	36830600	36830600	0	0.00%

No.	DMU	Score	Projection	Difference	%
	I/O	Data			
24	贵州省	1.005970328			
	NP	3349	3349	0	0.00%
	NRI	82	82	0	0.00%
	IE	67133	67133	0	0.00%
	FET	24124	24700.11279	576.112785	2.39%
	NPA	34610	34610	0	0.00%
	NPAU	12559	12559	0	0.00%
	NPI	6055568	6055568	0	0.00%
25	云南省	0.161814699			
	NP	8865	1391.559825	−7473.44018	−84.30%
	NRI	114	16.10675479	−97.8932452	−85.87%
	IE	264848	58800.25992	−206047.74	−77.80%
	FET	41116	41116	0	0.00%
	NPA	28695	50061.22914	21366.22914	74.46%
	NPAU	14230	26524.47621	12294.47621	86.40%
	NPI	8086166	27798528.88	19712362.88	243.78%
26	西藏自治区	0.0000			
	NP	511	38.1091634	−472.890837	−92.54%
	NRI	17	0.441098499	−16.5589015	−97.41%
	IE	12759	1610.299948	−11148.7001	−87.38%
	FET	1126	1126	0	0.00%
	NPA	1097	1370.973441	273.9734412	24.97%
	NPAU	420	726.3975146	306.3975146	72.95%
	NPI	94173	761288.6352	667115.6352	708.39%

No.	DMU	Score	Projection	Difference	%
	I/O	Data			
27	陕西省	0.172360102			
	NP	31418	3206.957174	−28211.0428	−89.79%
	NRI	106	37.11926136	−68.8807386	−64.98%
	IE	1676946	135509.7439	−1541436.26	−91.92%
	FET	94755	94755	0	0.00%
	NPA	98935	115369.972	16434.97196	16.61%
	NPAU	34554	61127.70559	26573.70559	76.90%
	NPI	17148934	64063858.46	46914924.46	273.57%
28	甘肃省	0.126627366			
	NP	7485	871.8063411	−6613.19366	−88.35%
	NRI	106	10.09081371	−95.9091863	−90.48%
	IE	254815	36838.114	−217976.886	−85.54%
	FET	25759	25759	0	0.00%
	NPA	24448	31363.1482	6915.1482	28.29%
	NPAU	9672	16617.47209	6945.472094	71.81%
	NPI	3461052	17415660.7	13954608.7	403.19%
29	青海省	0.186235116			
	NP	906	140.9971356	−765.002864	−84.44%
	NRI	25	1.631986099	−23.3680139	−93.47%
	IE	21399	5957.823787	−15441.1762	−72.16%
	FET	4166	4166	0	0.00%
	NPA	3181	5072.35822	1891.35822	59.46%
	NPAU	1580	2687.541781	1107.541781	70.10%
	NPI	1027045	2816632.73	1789587.73	174.25%

No.	DMU	Score	Projection	Difference	%
	I/O	Data			
30	宁夏回族自治区	0.374930184			
	NP	662	215.6590865	−446.340913	−67.42%
	NRI	21	2.4150757	−18.5849243	−88.50%
	IE	18982	8376.845491	−10605.1545	−55.87%
	FET	9004	9004	0	0.00%
	NPA	8575	9017.438342	442.438342	5.16%
	NPAU	4244	5112.428317	868.4283169	20.46%
	NPI	3352269	5057347.853	1705078.853	50.86%
31	新疆维吾尔族自治区	0.188154577			
	NP	4549	573.4989111	−3975.50109	−87.39%
	NRI	106	6.638023151	−99.3619768	−93.74%
	IE	99818	24233.15508	−75584.8449	−75.72%
	FET	16945	16945	0	0.00%
	NPA	14260	20631.56746	6371.567462	44.68%
	NPAU	8094	10931.44395	2837.443947	35.06%
	NPI	3938875	11456515.03	7517640.029	190.86%

参考文献

[1]　熊彼特 . 经济发展理论 [M]. 北京 : 中国画报出版社 , 2012.

[2]　迈克尔·波特 . 国家竞争优势 [M]. 北京 : 中信出版社 , 2012.

[3]　Kuznets S S. Economic growth and structure: selected essays[M].Heinemann, 1966.

[4]　Freeman C, Soete L. TheEconomicsofIndustrialInnovation[J].The MIT Press, Cambridge, Mas sachusetts, 1997.

[5]　Johannessen J A, Olsen B, Olaisen J. Aspects of innovation theory based on knowledge-management[J]. International journal of information management, 1999, 19(2): 121–139.

[6]　Nelson R R, Winter S G. In search of a useful theory of innovation[M]//Innovation, economic change and technology policies. Birkhäuser, Basel, 1977: 215–245.

[7]　Lyytinen K, Damsgaard J. What's wrong with the diffusion of innovation theory?[C]// Working Conference on Diffusing Software Product and Process Innovations. Springer, Boston, MA, 2001: 173–190.

[8]　Yu D, Hang C C. A reflective review of disruptive innovation theory[J]. International journal of management reviews, 2010, 12(4): 435–452.

[9]　Scarbrough H. Knowledge management, HRM and the innovation process[J]. International journal of manpower, 2003, 24(5): 501–516.

[10]　Galanakis K. Innovation process. Make sense using systems thinking[J]. Technovation, 2006, 26(11): 1222–1232.

[11]　Edquist C, Hommen L. Systems of innovation: theory and policy for the demand side[J]. Technology in society, 1999, 21(1): 63–79.

[12]　Malerba F. Sectoral systems of innovation and production[J]. Research policy, 2002, 31(2): 247–264.

[13] 陈劲，尹西明．建设新型国家创新生态系统加速国企创新发展 [J]．科学学与科学技术管理，2018, 39(11): 19-30.

[14] 李勃昕，韩先锋．新时代下对中国创新绩效的再思考：基于国家创新体系的"金字塔"结构分析 [J]．经济学家，2018(10): 72-79.

[15] 梁正，李代天．科技创新政策与中国产业发展 40 年：基于演化创新系统分析框架的若干典型产业研究 [J]．科学学与科学技术管理，2018, 39(09): 21-35.

[16] 梁东黎．中国工业自主创新能力的度量 [J]．经济与管理研究，2009(12): 9-14.

[17] 方亮．国家级高新技术产业开发区对区域经济增长的影响研究 [D]．浙江工业大学，2015.

[18] 韩美妮，王福胜．会计信息质量对技术创新价值效应的影响研究 [J]．管理评论，2016, 28(10): 97-110.

[19] 李健，林文浩．中国金融创新结构的指数度量与影响因素 [J]．金融论坛，2017, 22(04): 13-29.

[20] 陈昌兵．我国产业技术创新程度的度量及分析 [J]．经济纵横，2019(06): 76-87+2.

[21] 吕承超，张学民．中国高技术产业发展区域差异测算及其影响因素 [J]．贵州财经大学学报，2015(04): 73-85.

[22] 王开阳，沈华，陈锐．国家创新系统中的连接性政策：概念与应用 [J]．科学学研究，2018, 36(03): 418-424+445.

[23] 谭剑，黄宗远．基于创新理论视角的我国国家创新系统发展研究 [J]．中共四川省委党校学报，2017(02): 43-49.

[24] 柳卸林．市场和技术创新的自组织过程 [J]．经济研究，1993(02): 34-37.

[25] 许庆瑞，郭斌，王毅．中国企业技术创新：基于核心能力的组合创新 [J]．管理工程学报，2000(S1): 1-9+4.

[26] 刘凤朝，姜滨滨，孙玉涛．基于结构 - 过程的公共 R&D 投入技术创新效应机理分析 [J]．管理学报，2013, 10(03): 420-429.

[27] 韩雪亮，王霄．自下而上推动企业组织创新的过程机制探析 [J]．外国经济与管理，2015, 37(09): 3-16.

[28] 杨林．企业合作创新中知识创造过程与生成机制研究 [D]．天津财经大学，2015.

[29] 李婷婷，李艳军．种业科技创新体制战略转型的动因、过程机制与效应 [J]．中国科技论坛，2015(02): 130-136.

[30] Kuznets S. Economic growth and income inequality[J]. The American economic review, 1955, 45(1): 1–28.

[31] Peneder M. Industrial structure and aggregate growth[J]. Structural change and economic dynamics, 2003, 14(4): 427–448.

[32] Lin J Y, Sun X, Jiang Y. Endowment, industrial structure, and appropriate financial structure: a new structural economics perspective[J]. Journal of Economic Policy Reform, 2013, 16(2): 109–122.

[33] Drucker J. Regional industrial structure concentration in the United States: Trends and implications[J]. Economic Geography, 2011, 87(4): 421–452.

[34] 苏东水. 产业经济学 [M]. 北京：高等教育出版社，2010.

[35] 陈晓晨. 关于产业经济学及新兴产业群发展的若干思考 [J]. 经营管理者，2015(5): 236–237.

[36] 郭克莎. 中国产业结构调整升级趋势与"十四五"时期政策思路 [J]. 中国工业经济，2019(07): 24–41.

[37] 刘颜，周建军，于静静. 金融发展、门槛效应与地区产业结构升级 [J]. 财会月刊，2019(12): 154–161.

[38] 李坤. 新型城镇化发展与地方产业升级的当代出路：基于城市竞争力视角 [J]. 河南社会科学，2019, 27(06): 73–80.

[39] 马微，惠宁. 创新驱动发展下的金融结构与产业结构升级：基于 30 个省份动态面板数据的实证分析 [J]. 经济问题，2019(04): 1–9.

[40] 孙林. 产业结构升级、金融发展与经济增长的非线性联动特征分析：基于面板数据空间滞后变系数模型的研究 [J]. 金融发展评论，2019(01): 1–11.

[41] 张炜熙，杜元元，沈浩鹏. 基于产业结构升级的京津冀协同发展研究 [J]. 经济研究导刊，2019(02): 41–42.

[42] 任行伟，张强. 服务业发展对房地产价格的影响研究：基于产业结构升级视角[J]. 价格理论与实践，2018(12): 147–150.

[43] 薛维军. 产业结构升级对商贸流通业发展效率的影响 [J]. 商业经济研究，2018(23): 21–23.

[44] 陈文晖，熊兴，王婧倩. 消费升级背景下时尚产业发展战略研究 [J]. 价格理论与实践，2018(05): 155–158.

[45] 孙湘湘，周小亮，黄亮雄.资本市场发展与产业结构升级 [J].产业经济评论，2018(06): 86–104.

[46] 蔡冰冰，赵威，李永贺，李政旸.中国区域创新与区域经济耦合协调度空间格局及影响因素分析 [J].科技管理研究，2019, 39(09): 96–105.

[47] 方亮.产业集聚视角下安徽省集群企业创新驱动与区域经济发展研究：机理、效应、政策 [J].内蒙古民族大学学报：社会科学版，2019, 45(02): 96–102.

[48] 王旭，陈蓉，李明宝.科技创新对区域经济的影响研究：基于省际面板数据的实证分析 [J].工业技术经济，2018, 37(09): 39–44.

[49] 张永凯，薛波.科技创新对甘肃区域经济增长的影响及其空间差异 [J].开发研究，2017(06): 100–107.

[50] 方亮.安徽省各地区集群企业创新能力时空差异分析 [J].长春理工大学学报：社会科学版，2019, 32(03): 105–110.

[51] 胡曙虹，黄丽，范蓓蕾，肖刚.中国高校创新产出的空间溢出效应与区域经济增长：基于省域数据的空间计量经济分析 [J].地理科学，2016, 36(12): 1767–1776.

[52] 易文钧，吴晓杰，邢斐.科技创新对区域经济增长的影响：基于长三角和中部五省的比较研究 [J].首都经济贸易大学学报，2017, 19(01): 51–57.

[53] 喻开志，吕笑月，黄楚蘅.四川省科技创新对区域经济增长的直接影响及其溢出效应 [J].财经科学，2016(07): 111–120.

[54] 方亮，徐维祥.创新驱动对区域经济增长的影响：高新区例证 [J].重庆社会科学，2015(11): 58–65.

[55] 周柯，时艳强，曾杨.科技创新与区域经济转型耦合发展研究 [J].区域经济评论，2013(06): 69–77.

[56] 高丽娜，朱舜.泛长三角经济一体化视角下的安徽省域经济空间结构优化研究 [J].上海经济研究，2009(02): 66–73.

[57] 方亮.我国各地区创新水平综合评价与比较分析 [J].鲁东大学学报：哲学社会科学版，2017, 34(03): 75–79.

[58] 宋炳林.我国区际产业转移的动力机制及其耦合 [J].华东经济管理，2014, 28(01): 74–79.

[59] 李然，马萌.京津冀产业转移的动力机制研究：基于市场和政府角度分析 [J].价格理论与实践，2015(11): 128–131.

[60] 胡黎明, 赵瑞霞. 产业集群式转移与区域生产网络协同演化及政府行为研究 [J]. 中国管理科学, 2017, 25(03): 76–84.

[61] 方亮. 基于 DEA 分析的安徽省各地区工业企业创新效率研究 [J]. 湖南工程学院学报: 社会科学版, 2019, 29(03): 29–34.

[62] 王慧敏, 王开, 刘钢. 技术创新对区域经济发展的影响研究: 以江苏省为例 [J]. 科技管理研究, 2017, 37(08): 98–105.

[63] 方亮, 徐维祥. 国家高新区技术创新对区域经济影响的时空差异 [J]. 创新与创业管理, 2017(01): 112–126.

[64] 陈薇, 杨帆. 基于共生理论的威县农业循环经济产业链主体行为分析 [J]. 农业经济, 2018(08): 9–11.

[65] Cruz-Cázares C, Bayona-Sáez C, Garc í a-Marco T. You can't manage right what you can t measure well: Technological innovation efficiency[J]. Research Policy, 2013, 42(6–7): 1239–1250.

[66] Papachroni A, Heracleous L, Paroutis S. In pursuit of ambidexterity: Managerial reactions to innovation-efficiency tensions[J]. Human relations, 2016, 69(9): 1791–1822.

[67] Broekel T. Do cooperative research and development (R&D) subsidies stimulate regional innovation efficiency? Evidence from Germany[J]. Regional studies, 2015, 49(7): 1087–1110.

[68] Manzaneque M, Rojo-Ram í rez A A, Diéguez-Soto J, et al. How negative aspiration performance gaps affect innovation efficiency[J]. Small Business Economics, 2018: 1–25.

[69] Namazi M, Mohammadi E. Natural resource dependence and economic growth: A TOPSIS/DEA analysis of innovation efficiency[J]. Resources Policy, 2018, 59: 544–552.

[70] Kalapouti K, Petridis K, Malesios C, et al. Measuring efficiency of innovation using combined Data Envelopment Analysis and Structural Equation Modeling: empirical study in EU regions[J]. Annals of Operations Research, 2017: 1–24.

[71] Jensen R C, Mandeville T D, Karunaratne N D. Regional economic planning: Generation of regional input-output analysis[M]. Routledge, 2017.

[72] Martin R, Sunley P, Gardiner B, et al. How regions react to recessions: Resilience and the role of economic structure[J]. Regional Studies, 2016, 50(4): 561–585.

[73] Aydalot P, Keeble D. High technology industry and innovative environments: the European experience[M]. Routledge, 2018.